Elogios para *Nunca*

«A través de una narración franca y su calid[illegible] que somos más fuertes de lo que pensamos porque tenemos una fuente de ayuda, siempre presente. El mensaje de este libro nos anima a encontrar descanso en la poderosa presencia de Dios, aun en medio de nuestros momentos más oscuros».

—María Shriver, autora *best seller* del *New York Times* y periodista galardonada

«Si alguna vez te preguntas si Dios se preocupa profundamente por ti, abre este libro. Max nos recuerda que nunca estamos sin esperanza o ayuda, porque tenemos un Dios milagroso que camina junto a nosotros y nos rescata de nuestras tormentas».

—Bob Goff, autor *best seller* del *New York Times* de *El amor hace* y *A todos, siempre*; creador de los talleres Dream Big

«Mi amigo Max Lucado es una de las voces más confiables que Dios le ha dado a este mundo. Como de costumbre, el tiempo de Max es impecable. La soledad y el aislamiento parecen ser la raíz de gran parte de nuestro dolor. Estamos más conectados que nunca digitalmente, pero nuestra sociedad se siente más sola cada día. No debe asombrarnos recordar que fuimos creados por Dios para relacionarnos con él, y que cada centímetro y segundo de nuestras frágiles vidas le importan. Gracias, Max, por levantar nuestros ojos a esta realidad. Recomiendo este libro especialmente».

—Chris Tomlin, artista, compositor, autor

«La soledad es la nueva pandemia que infecta nuestro mundo. Las estadísticas son asombrosas: el cuarenta por ciento de todos los estadounidenses dicen que carecen de relaciones significativas en sus vidas. La maravillosa noticia es que ninguno de nosotros está realmente solo. Somos amados por Dios y por más personas de las que nos damos cuenta. Escucha la sabiduría de mi amigo Max Lucado, un verdadero tesoro americano, al guiarte a la mejor relación que puedas tener».

—Pastor Greg Laurie, pastor principal de Harvest Christian Fellowship, autor de *Johnny Cash: The Redemption of an American Icon*

«*Nunca estás solo* nos lleva más allá de creer superficialmente e invita a los lectores a sumergirse en una creencia que da vida; una convicción que nos alienta a poner toda nuestra confianza en un Salvador vivo y amoroso».

—Andy Stanley, fundador y pastor principal de North Point Ministries y autor de *Irresistible*

«Este es un libro hermoso, sencillo y que desarrolla nuestra fe. ¡Cada página es muy alentadora!».

—John Eldredge, autor de *Salvaje de corazón*, libro *best seller* del *New York Times*

«Acabo de leer el nuevo libro de Max Lucado, *Nunca estás solo*. Realmente disfruto la manera en que escribe. En realidad, Max escribe como Jesús hablaba. Llega adonde vive la gente. Habla en el idioma de las personas comunes y corrientes, e impacta nuestros corazones en formas memorables. Gracias, Max, simplemente por ser quien eres. Tus pensamientos me tocaron profundamente y me alentaron justo donde necesitaba hoy ese aliento. Recomiendo altamente este libro».

—Carter Conlon, supervisor general, Times Square Church Inc.

«Dios sabía que necesitábamos este libro. En la opresión de una pandemia que nos aisló y las siempre crecientes tasas de soledad, este libro da un oportuno recordatorio de que nunca estamos solos. Max nos ayuda a abrir los ojos a los milagros a nuestro alrededor y nos da la seguridad de que Dios está más cerca de nosotros de lo que podemos imaginar».

—Mark Batterson, autor *best seller* del *New York Times* de *Creador de círculos* y pastor principal de National Community Church

«Max Lucado es un pastor muy cariñoso y un comunicador talentoso, y nos sentimos extremadamente agradecidos por su amistad y por su ministerio. *Nunca estás solo* es una invitación divina a una vida de fe abundante e inquebrantable en nuestro Salvador. Sin duda, cada capítulo te llevará a una convicción más profunda y a confiar en la promesa de que él está contigo siempre».

—Brian y Bobbie Houston, pastores internacionales ejecutivos, Hillsong Church

NUNCA estás solo

También de Max Lucado

Inspiradores

3:16
Acércate sediento
Aligere su equipaje
Al entrar al cielo
Ansiosos por nada
Aplauso del cielo
Como Jesús
Con razón lo llaman el Salvador
Cuando Cristo venga
Cuando Dios susurra tu nombre
Cura para la vida común
Dios se acercó
Él escogió los clavos
El trueno apacible
En el ojo de la tormenta
Enfrente a sus gigantes
En manos de la gracia
Esperanza inconmovible
Gente común: perdidos y hallados
Gracia
Gran día cada día
La gran casa de Dios
Jesús
Lecturas inspiradoras de Lucado
Más allá de tu vida
Max habla sobre la vida
Mi Salvador y vecino
No se trata de mí
Seis horas de un viernes
Sin temor
Sobre el yunque
Todavía remueve piedras
Un amor que puedes compartir
Y los ángeles guardaron silencio

Ficción

La historia de un ángel
La vela de Navidad

Libros de regalo

El espejo de Dios
El regalo para todo el mundo
Esperanza. Pura y sencilla
Experimenta el corazón de Jesús
Gracia para todo momento, vols. I y II
Para estos tiempos difíciles
Promesas inspiradoras de Dios
Su gracia vive aquí
Un cafecito con Max

Libros infantiles

Buzby, la abeja mal portada
El corderito tullido
Flo, la mosca mentirosa
Hermie, una oruga común
Hermie y sus amigos del jardín
Hermie y Wormie en un diluvio de mentiras
Por si lo querías saber
Stanley, una chinche apestosa
Webster, la arañita miedosa

Biblias (editor general)

Biblia Gracia para el momento

MAX LUCADO

Confía en el milagro de la
PRESENCIA y el **PODER** de **DIOS**

NASHVILLE MÉXICO D.F. RÍO DE JANEIRO

Publicado en Nashville, Tennessee, Estados Unidos de América.
Grupo Nelson es una marca registrada de Thomas Nelson.
www.gruponelson.com

Título en inglés: *You Are Never Alone*

Publicado por Thomas Nelson. Thomas Nelson es una marca registrada de HarperCollins Christian Publishing, Inc.

Este libro también está disponible en formato electrónico.

Cualquier uso de cursivas en versículos bíblicos refleja el énfasis agregado del autor.

Editora en Jefe: *Graciela Lelli*
Traducción: *Omayra Ortiz*
Adaptación del diseño al español y edición: *Grupo Nivel Uno, Inc.*

ISBN: 978-1-40022-209-4
ISBN Ebook: 978-1-40022-212-4

Impreso en Estados Unidos de América

HB 02.09.2023

Con mucho agradecimiento a los siguientes ministros,
porque su fe y su valor inspiran a nuestra iglesia:
Travis y Alisha Eades, Brian y Janet Carruth,
Miguel y Haydee Feria, Mario y Christina Gallegos,
Sam y Ann González, Jimmy y Annette Pruitt,
Rich y Linda Ronald

Contenido

Reconocimientos

Esto es lo que pienso que pasó. Hace mucho tiempo, Dios decidió que Lucado necesitaba toda la ayuda que el cielo pudiera reunir. Él sabía que me saldría de la pista, procrastinaría, me pondría de mal humor, andaría como un pato en el basurero, y que necesitaría un equipo de apoyo de primera, que hasta los mismos ángeles envidiarían. ¿De qué otra forma una persona terminaría rodeada de gente tan maravillosa? No los merezco. Pero sin duda los amo.

Damas y caballeros, permítanme presentarles (redoble de tambores, por favor) al mejor equipo de apoyo que cualquier autor jamás haya tenido.

Liz Heaney y Karen Hill: no existen mejores editoras. Por millonésima vez, gracias.

Carol Bartley: eres para la corrección de estilo lo que Julia Child era para la cocina; la mejor.

Steve y Cheryl Green: Dios los envió a la tierra en calidad de préstamo, y no los vamos a devolver.

El equipo de superhéroes de Harper Collins Christian Publishers: Mark Schoenwald, Don Jacobson, Tim Paulson, Mark Glesne, Erica Smith, Janene MacIvor y Laura Minchew.

Brian Hampton: un tributo especial a este hombre amado que pasó de esta vida a la próxima en el proceso de completar este libro.

David Moberg: una parte de la industria editorial desde 1975 y una parte esencial de mi mundo desde 1989. Gracias por, bueno, por ser David Moberg.

Jana Muntsinger y Pamela McClure: aunque su título es publicistas, *amigas* es una mejor palabra. Gracias.

Greg y Susan Ligon: ustedes calman; ustedes clarifican; ustedes crean. ¿Hay algo que ustedes no puedan hacer? Muchas gracias por mantener este tren en sus rieles.

Dave Treat: una vez más, elevaste este proyecto en oración. Que tus oraciones más altas sean contestadas.

Janie Padilla y Margaret Mechinus: gracias a ustedes, las llamadas se hacen, los correos electrónicos reciben respuestas, los libros están en los estantes y el caos se convierte en calma.

Brett, Jenna, Rosie, Max, Andrea, Jeff y Sara. Este árbol genealógico es cada vez más verde, enérgico, y más y más chiflado. Amo a cada uno de ustedes.

Y Denalyn, mi novia. Cuando Dios te creó, usó el material de los violines y del buen vino. Tú, como ellos, te haces más dulce con el tiempo. Te amo.

CAPÍTULO 1

Nosotros no podemos, pero Dios sí puede

«Soy yo sola, y no soy gran cosa».

Habíamos estado conversando durante casi una hora antes que dijera las palabras. Ya nos habíamos tomado dos tazas de café colado por una máquina en la sala de espera del hospital. Las de ella con endulzante, las mías con leche en polvo. Era bajita de estatura. No tenía maquillaje, el pelo enmarañado. Vestía una camiseta holgada y arrugada. Me preguntaba si había dormido en ella. Mezclaba su café sin cesar, y le daba vueltas y vueltas al agitador hasta que su bebida se convirtió en un remolino, algo parecido a lo que ella estaba sintiendo... sentimientos de impotencia que giraban y giraban interminablemente.

Su hijo de diecisiete años, que en aquel momento estaba en la unidad de cuidados intensivos a dos puertas y cuarenta y seis metros de nosotros, había batallado contra una adicción a los opioides durante un año, tal vez más. Un accidente de auto lo había llevado al hospital. Cuatro días de desintoxicación forzada lo habían dejado con ansias por unas píldoras que los médicos no le darían. Estaba amarrado a la cama con correas.

A la mamá le tomó casi una hora contarme lo que te acabo de narrar en un párrafo. Para contar su historia hicieron falta pausas para sollozar y suspiros profundos, y también incluyó destellos de furia al aludir a su exesposo, cuya presencia y pensión alimenticia habían faltado durante la mayor parte del año. En toda la semana el padre no había aparecido. Siempre tenía sus excusas. A fin de cuentas, la mamá creía: «Soy yo sola, y no soy gran cosa».

Apretó tanto su vaso desechable que pensé que lo rompería.

¿Conoces ese sentimiento? ¿Te suena familiar la caída en picada? ¿Estás convencido de que no le importas a nadie, que nadie puede ayudarte, escucharte ni prestar atención a tu llamada?

Si conoces el sentimiento, no estás solo. No me refiero a que no estás solo en el sentido de conocer el sentimiento. Me refiero a que no estás solo. Punto. ¿Esa cruda y oscura sensación de soledad e impotencia? No está aquí para quedarse. Si piensas que depende de ti y que no eres gran cosa, tengo algunos sucesos para que consideres.

Mejor dicho, el apóstol Juan tiene algunas historias para que reflexiones en ellas. Él entretejió un tapiz de milagros que estaba «escrito para que ustedes crean que Jesús es el Cristo, el Hijo de Dios, y para que al creer en su nombre tengan vida» (Juan 20:31).

¡Una manera de creer que da vida! De eso quiere hablar Juan. De una fe abundante, sólida, resistente. La vida ocurre cuando creemos. Encontramos fuerzas más allá de nuestras fuerzas. Realizamos tareas más allá de nuestra capacidad. Vemos soluciones más allá de nuestra sabiduría.

Creer no es un saludo respetuoso a un ser divino. Creer es lo que ocurre cuando ponemos nuestra confianza en Dios. Es la decisión de apoyarse completamente en la fuerza de un Salvador vivo y amoroso.

En la medida que lo hagamos, tendremos vida «en su nombre». Este es el propósito de los milagros. Juan relata las señales, y cada una tiene la intención de añadirle convicción a esta promesa: tú y yo nunca, jamás estamos solos. ¿Acaso no fue esta una de las últimas promesas de Cristo? Antes de ascender al cielo, él les aseguró a sus amigos: «Estaré con ustedes siempre, hasta el fin del mundo» (Mateo 28:20).

Sin duda, esas palabras significaron muchísimo para Juan.

Imagínate al envejecido apóstol mientras cuenta estas historias. Ya es un anciano. El cabello plateado, la piel arrugada. Pero sus ojos están llenos de esperanza y tiene una risa que puede llenar una habitación. Juan pastorea a un grupo de seguidores de Cristo en Éfeso. A él le gusta contar —y a ellos les gusta escuchar— sobre un día, casi seis décadas atrás y a más de mil seiscientos kilómetros recorridos, cuando Jesús lo invitó a soltar la red de pesca y seguirlo. Y Juan lo hizo.

Y lo mismo hicieron Pedro, Andrés y Santiago. Ya todos se fueron. Hace mucho tiempo cumplieron sus misiones y fallecieron. Solo queda Juan.

Y Juan, como probablemente sabe que sus días están llegando a su fin, acepta una última tarea. El evangelio de Marcos está en circulación. Mateo y Lucas han recopilado sus relatos de la vida de Cristo. Juan quiere hacer lo mismo. No obstante, su evangelio será diferente. Él quiere contar historias que ellos no contaron y añadirles más detalles. Él escoge para su evangelio un muestrario de «señales».

Juan nos lleva a Caná para probar algo de vino, luego a Capernaúm para ver a un padre abrazar al hijo que temía que muriera. Sentimos la furia de una tempestad embravecida en Galilea y escuchamos el murmullo de una multitud hambrienta en un monte. Vemos a un paralítico pararse y a un ciego levantar la vista. Antes de terminar, Juan nos paseará por dos cementerios y cerca de una cruz, y nos invitará a escuchar disimuladamente una charla durante un desayuno que cambió la vida de un apóstol. Los milagros que escogió Juan abarcan desde el descuido en una boda hasta una ejecución violenta, desde estómagos vacíos hasta sueños vacíos, desde esperanzas abandonadas hasta amigos enterrados. Y seremos cuidadosos; ah, muy cuidadosos, para mirar las señales tal como Juan quiso que las viéramos; no como entradas en un libro de historia, sino como muestras tomadas del manual de Dios.

Todos estos sucesos se unen como una voz que te invita a levantar los ojos y abrir tu corazón a la posibilidad —más bien, a la realidad— de que la fuerza más grande en el universo es Aquel que quiere tu bien y te trae esperanza.

Juan los registró, no para impresionarte, sino para instarnos a creer no solo en la divinidad de Cristo, sino también en la tierna presencia de Cristo. Este montaje de milagros proclama: ¡Dios sí puede! ¿Piensas que depende de ti y que no eres gran cosa? ¡Tonterías! Dios puede cargarte.

Eres más fuerte de lo que crees porque Dios está más cerca de lo que piensas.

Jesús tocó heridas. Pronunció palabras de esperanza. Se mejoraron las vidas. Las bendiciones fueron repartidas. Había mucho más en sus milagros que el milagro mismo. Había un mensaje de ternura: «Estoy aquí. Me importa».

Si Jesús solo hubiera querido argumentar a favor de su divinidad, habría aparecido una bandada de pájaros de la nada, y habría hecho que los árboles se desarraigaran y flotaran en el aire. Habría transformado arroyos en cascadas o rocas en abejas. Estas acciones habrían evidenciado su poder. Pero Jesús quería que viéramos más. Él quería demostrarnos que hay un Dios que hace milagros, que nos ama, que se preocupa y que viene a ayudarnos.

¿Acaso no necesitamos este mensaje hoy día?

Este libro es un hijo de la cuarentena. Lo terminé durante los días del coronavirus. Cuando empecé a escribirlo, hace unos meses, Covid-19 era desconocido para la mayoría. Frases como «distanciamiento social» y «refugio en el lugar» pueden haber sido encontradas en manuales, pero no en nuestro vocabulario callejero. Pero todo eso ha cambiado. En el momento de escribir esto, millones de personas están refugiadas en apartamentos, casas, chozas y cabañas.

Esta crisis exacerbó una epidemia ya rampante de aislamiento y depresión. Un estudio encontró que la soledad es tan peligrosa para la salud como fumar quince cigarrillos al día. Puede llevar a la demencia o al Alzheimer, a enfermedades cardíacas, a un sistema inmunológico debilitado y a una vida más corta.[1]

Los administradores de uno de los hospitales más grandes en Estados Unidos citan la soledad como una de las razones principales para que las salas de emergencia estén abarrotadas. El Parkland Hospital, en Dallas, Texas, hizo este sorprendente descubrimiento mientras buscaban alternativas para descongestionar el sistema. Analizaron los datos y recopilaron una lista de los usuarios asiduos. El hospital identificó a ochenta pacientes que habían visitado cuatro salas de emergencia 5.139 veces en un periodo de doce meses, con un costo al sistema de más de catorce millones de dólares.

Después de identificar los nombres de estos pacientes que regresaban una y otra vez, les asignaron a varios equipos que los visitaran y establecieran la razón. ¿Su conclusión? La soledad. La pobreza y la escasez de alimentos también eran factores, pero la razón principal era una sensación de aislamiento. La sala de emergencias ofrecía atención, bondad y cuidados. De ahí las visitas constantes. Querían saber que alguien se preocupaba por ellos.[2]

¿No hacemos todos lo mismo? El apóstol Juan quería que supiéramos que Alguien se preocupa. Deseaba que creyéramos y que pusiéramos nuestras cargas completamente en las fuerzas de este Dios amoroso.

Cuando la vida se siente extenuante, ¿le importa a Dios?

Si estoy enfrentando una avalancha de retos, ¿me ayudará?

Cuando la vida se vuelve oscura y tormentosa, ¿acaso él se da cuenta?

Si estoy enfrentando el miedo a la muerte, ¿me ayudará?

La respuesta en los milagros vivificantes del evangelio de Juan es un rotundo sí. ¿Conoces estos milagros? ¿Crees en un Jesús que no solo tiene poder, sino también un amor ferviente por los débiles y los heridos del mundo? ¿Piensas que le importas lo suficiente como para encontrarte en las salas de espera, los centros de rehabilitación y los sanatorios solitarios de la vida?

Hace poco salí a caminar con dos de mis acompañantes favoritos: Rosie, mi nieta de tres años y medio, y Andy, mi perro fiel e incondicional.

A Andy le encanta explorar el lecho de un río seco cerca de nuestra casa. A Rosie le encanta seguirlo. Ella piensa que puede ir adondequiera que Andy va. Y cuando le ofrezco ayudarla, agita su mano para que me aleje. Es difícil la chiquita esta, ¡se parece a la abuela! Así que Andy iba al frente. Rosie corría deprisa detrás de él y yo trataba de mantener el paso.

Andy vio un insecto en un matorral y salió disparado para alcanzarlo. Rosie pensó que podía hacer lo mismo. Andy atravesó el matorral, pero Rosie se quedó atascada. Las ramas le rasguñaron la piel y comenzó a llorar.

«¡Papa Max! ¿Puedes ayudarme?».

¿Y qué hice? Hice lo que tú hubieras hecho. Me metí al matorral y extendí mis manos. Rosie levantó sus brazos y me permitió sacarla de allí.

Dios hará lo mismo por ti. Nunca estás solo, nunca estás sin ayuda, nunca te falta la esperanza. Tú y yo anhelamos que Alguien nos encuentre en medio de los líos de la vida. Deseamos creer en un Dios vivo, amoroso y hacedor de milagros que no lo piense dos veces para entrar en los matorrales espinosos de nuestro mundo y sacarnos.

Si este es tu deseo, mira detenidamente las palabras de Juan y los milagros de Cristo, y comprueba si no logran su objetivo deseado: «Para que ustedes crean que Jesús es el Cristo, el Hijo de Dios, y para que al creer en su nombre tengan vida» (Juan 20:31).

CAPÍTULO 2

Él repondrá lo que la vida se ha llevado

Él no parecía omnisciente. Se veía inteligente, con sus espejuelos de carey, su traje de franela gris y un montón de documentos. Era listo, estaba preparado y sin duda era exactamente el estadístico que su profesión requería que fuera. ¿Sobrenatural y profético? ¿Divino? ¿Clarividente? No vi ninguna aureola ni ángeles asistentes. Tenía cierto resplandor en el rostro, pero se lo atribuí al sol vespertino que entraba por la ventana de su oficina.

«Veamos», dijo, mientras hojeaba una carpeta llena de gráficas y reportes. «Ustedes dos vivirán hasta...». Levantó la vista lo suficiente para decir: «Si quieren ver por ustedes mismos, estoy en la página siete». Esperó mientras buscábamos la página. Las palmas de mis manos comenzaron a humedecerse. Los ojos de Denalyn se abrieron de par en par. Ya nos habían dado fechas anteriormente: las fechas de parto para nuestras hijas, las fechas de graduación de la universidad, las fechas que debíamos reservar para una boda. Pero ¿una fecha de muerte? Esto le daba un nuevo significado a la expresión *fecha límite*. ¿De verdad queríamos saber sus conclusiones?

Su trabajo a tiempo completo era vender seguros de vida. En el teléfono me había dicho: «Quiero asegurarme de que tengan lo que necesitan».

Para hacerlo, necesitaba dos elementos de información: la cantidad de prima que estábamos dispuestos a pagar y el número de años que nos quedaban en la tierra. Podía proveerle el primero. Él dijo que podía proveer el segundo. Y ahora estaba a punto de hacerlo. «¿Qué tal si la fecha fuera esta semana?», le pregunté a Denalyn. «¿Debería hacer los arreglos para que un predicador invitado venga a la iglesia?». Ella no se rio. Él tampoco.

Él habló con el tono casual de un empleado de hotel verificando las fechas de una reservación. «Señora Lucado, la tengo aquí con nosotros hasta el 2044. Señor Lucado, su fecha de partida parece ser 2038».

Bien, allí estaba. Por lo menos, ahora sabíamos. No puedo contarte mucho más sobre lo que dijo después. Estaba absorto porque finalmente tenía los datos de mi lápida. Ya sabía el primer número: 1955. Y la marca que seguía: un guion de una pulgada de largo. (Una vez lo medí en una lápida solo por curiosidad). Ahora sabía el segundo número: 2038.

Esta conversación ocurrió en el 2018. Me quedaban —tragué saliva— veinte años. Ya había recorrido tres cuartas partes de mi camino para cruzar el Jordán. Provisto de este nuevo trozo de información, no pude resistir hacer el cálculo de mis recursos restantes:

- 168.192.000 respiros. (Parece un montón. Sin embargo, usé más de 2.000 para escribir el primer borrador de la introducción a este capítulo).

- 108.000 golpes de golf (o, en mi caso, el equivalente a diez juegos).
- 7.300 noches en la cama con una bella durmiente llamada Denalyn (un número que parece más de lo que merezco, pero aun así mucho menos de las que quiero).

Mi lista también incluía las elecciones presidenciales, los *Super Bowl*, los atardeceres de verano y las temporadas cuando florecen los acianos.

El ejercicio me recordó una verdad con frecuencia olvidada: nos estamos agotando. Se nos están agotando los días, las fechas, los bailes. El día en que nacimos, voltearon irrevocablemente el reloj de arena y desde entonces hemos estado agotando nuestros recursos. No tenemos lo que teníamos ayer. Los gastos superan nuestros depósitos; de hecho, me parece que esto explica el razonamiento detrás del primer milagro en el ministerio de Jesús. Él estaba en una boda. María, su madre, también estaba allí y le presentó a Cristo un problema. «Ya no tienen vino» (Juan 2:3).

Si yo hubiera sido el ángel de guardia aquel día, habría intervenido. Hubiera puesto un ala entre María y Jesús, y le habría recordado la misión de su Hijo. «A él no lo enviaron al mundo para atender tareas tan cotidianas y rutinarias. Estamos guardando sus poderes milagrosos para que resucite cadáveres, toque a leprosos y eche fuera demonios. ¿Se acabó el vino? No vengas donde Jesús para eso».

Pero yo no era el ángel de guardia. Y María solicitó ayuda de su Hijo para tratar con el problema: tinajas de vino vacías. Los palestinos del primer siglo sí sabían cómo montar una fiesta. Nada de celebrar la ceremonia de boda y la recepción en una noche, no señor. Las bodas podían durar hasta siete días. Se esperaba que la comida y el vino duraran el mismo tiempo. Por eso María se preocupó cuando vio a los sirvientes raspando el fondo de las tinajas de vino.

Culpa al coordinador de bodas por la pobre planificación. Culpa a los invitados por consumir más de lo que les tocaba. Culpa a Jesús por aparecerse con una tropa de discípulos sedientos. No nos dicen la razón de la escasez. Pero sí nos dicen cómo fue repuesta. María presentó el problema. Cristo estaba reacio. María no insistió. Jesús reconsideró. Él dio la orden. Los sirvientes obedecieron y le ofrecieron al encargado del banquete lo que ellos podrían haber asegurado que era agua. Él tomó un sorbo, lamió sus labios, alzó la copa contra la luz y dijo algo sobre haber estado escondiendo el mejor vino para los brindis de despedida. Los sirvientes lo escoltaron hasta el otro lado del salón para que viera las seis tinajas llenas hasta el borde con el fruto de la vid. La boda sin vino de repente era la boda con vino a granel. María le sonrió a su Hijo. Jesús levantó una copa hacia su madre, y nos dejan con este mensaje: nuestros recursos decrecientes, no importa lo insignificantes que sean, son importantes para el cielo.

Tengo un testimonio curioso relacionado con esta verdad. Durante una de las muchas etapas en mi vida carentes de cordura, competí en triatlones *Ironman*. El evento consiste en nadar 1,9 kilómetros, rodar 90,1 kilómetros en bicicleta y correr 21,08 kilómetros. ¿Por qué un predicador de cincuenta años se empeñaba en participar en algo así? Mi esposa no dejaba de repetirme la misma pregunta. (No te preocupes. No nadaba en un *Speedo*).

Durante una de esas carreras, hice una de las oraciones más extrañas de mi vida. Cuatro de nosotros viajamos a Florida para la carrera. Uno de mis amigos había invitado a un competidor de Indiana a unírsenos. En resumidas cuentas, conocía a estos tres participantes. Había por lo menos doscientas personas que no conocía, un detalle que resultó crucial para mi historia.

Terminé de nadar, si no en el último lugar, por lo menos casi muerto y casi último. Monté mi bicicleta y comencé la travesía de tres horas. Alrededor de un tercio del tramo en bicicleta, metí la mano en el bolsillo de mi camisa para buscar un GU. Un GU es un paquete de nutrientes esenciales fácil de comer. Bien, ¿adivina a quién se le olvidó su GU? De pronto, estaba rodando sin GU y tenía cuarenta y ocho kilómetros por delante. En la ruta de un triatlón no encuentras ningún colmado que venda GU.

Como tú, he orado innumerables veces en mi vida. He orado por enfermos en su lecho de muerte y por bebés en la sala de parto. He orado por corazones, hogares y huesos rotos. Pero nunca había orado por GU. Sin embargo, ¿qué podía hacer? Para un tipo viejo como Max, no tener GU significaba no poder seguir adelante.

Así que oré. Entre jadeos y pedaleos, dije: *Señor, quizás esta sea la única vez en la eternidad que has escuchado esta petición. Pero, esta es mi situación...*

¿Cayó GU del cielo? Bueno, algo así. El muchacho de Indiana, el amigo de mi amigo, una de las tres personas que conocía entre todos los participantes, apareció en su bicicleta «por casualidad» justo detrás de mí.

«Eh, Max, ¿cómo te va?», me preguntó.

«Bueno, tengo un problema».

Cuando le dije que no tenía GU, buscó en el bolsillo de su camisa de ciclismo, sacó tres paquetes y me dijo: «¡Tengo un montón!». Me los entregó y se fue.

Es muy posible que estés pensando: *Lucado, eso es un ejemplo patético de una oración contestada. Yo estoy enfrentando enfermedad, deudas, la amenaza de despidos y decepciones, ¿y tú estás hablando de algo tan insignificante como GU en una carrera?*

Ese es precisamente mi punto.

De hecho, creo que es el punto de Jesús. ¿Qué tiene de importante una boda sin vino? Entre todas las necesidades de los seres humanos en el planeta, ¿por qué preocuparse por unas tinajas secas? Sencillo. A Jesús le preocupaba porque a María le preocupaba. Si Jesús estuvo dispuesto a usar su influencia divina para resolver una metida de pata social, ¿cuánto más estará dispuesto a intervenir en los asuntos con mayor peso de la vida?

Él quiere que sepas que puedes traer tus necesidades —*todas tus necesidades*— ante él. «No se aflijan por nada, sino preséntenselo *todo* a Dios en oración; pídanle, y denle gracias también» (Filipenses 4:6 DHH).

En todo —no solo en las cosas grandes— presenta tus peticiones.

María modeló esto. Le presentó su necesidad a Cristo. «Ya no tienen vino». Sin fanfarria. Sin drama de mamá. Ella conocía el problema. Conocía al proveedor. Conectó lo primero con el segundo.

Mis hijas también lo hacían. Tenían su manera de decirme exactamente qué necesitaban y cuándo lo necesitaban. Nunca recibí una llamada telefónica de ninguna de ellas diciéndome: «Por favor, sé un buen padre hoy, papá». O, «declaro en el nombre de la buena crianza que tienes que responder a mis deseos más profundos». Lo que escuchaba era: «¿Me puedes recoger?», «¿Puedes darme algo de dinero?», «¿Puedo quedarme en casa de mi amiga?»,

«¿Puedes ayudarme con mi tarea?», «¿Cómo te convertiste en un padre tan brillante, sabio y guapo?».

Vale, la última pregunta tal vez sea una exageración. El punto es: mis hijas me hacían peticiones específicas. ¿Me retraía ante su especifidad? ¿Me ofendía porque se atrevieran a decirme exactamente lo que necesitaban? Claro que no. Era su papá. Era su forma de decirme: «Dependo de ti». Le corresponde al padre prestar atención a la necesidad y responder a la petición de sus hijos.

Así que dime: ¿has preguntado? ¿Has convertido tu déficit en oración? Jesús confeccionará una respuesta a la medida de tu necesidad exacta. Él no es un cocinero de comidas rápidas. Es un chef consumado que prepara bendiciones únicas para situaciones únicas. Cuando una multitud se acercó a Cristo buscando sanidad: «Él puso las manos sobre *cada uno* de ellos y los sanó» (Lucas 4:40).

Si Jesús hubiera querido, habría declarado que una nube de bendiciones sanadoras arropara a la multitud. Pero él no es un Salvador del tipo «una talla para todo el mundo». Él puso sus manos sobre cada uno, individualmente, personalmente. Como percibió necesidades únicas, emitió bendiciones únicas.

Una oración precisa le da la oportunidad a Cristo de eliminar cualquier duda sobre su amor e interés. Tu problema se convierte en su senda. El reto que enfrentas se transforma en el lienzo donde Cristo puede exhibir su obra más excelente. Entonces, eleva una oración sencilla y confíale el problema a Cristo.

Otra vez, María es nuestro modelo. Lee detenidamente su intercambio de palabras con Jesús. En el versículo tres, ella presenta la necesidad: «Ya no tienen vino». En el versículo cuatro, curiosamente, Jesús no está muy receptivo a la petición y le dice:

«Mujer, ¿eso qué tiene que ver conmigo? [...] Todavía no ha llegado mi hora» (Juan 2:4).

Al parecer, Jesús cargaba con una agenda. Tenía en mente un tiempo para la revelación, y aquel día en Caná no era el momento indicado. Él fue a la boda con el propósito de, bueno, ir a la boda. En su lista de cosas por hacer para aquel día no estaba «convertir el agua en vino». No había una fila de ángeles esperando para ver el milagro #1 porque, de acuerdo con el Comité angelical para los primeros milagros, el momento para el milagro inaugural estaba pautado para una fecha futura.

Por consiguiente, la petición de María se encontró con la duda de Jesús.

Tú has escuchado lo mismo. En tu versión personal del versículo tres, explicaste tu escasez: se acabó el vino, el tiempo, la energía o la visión. La luz de la reserva se prendió; el tanque estaba vacío; la cuenta bancaria tenía un saldo negativo. Presentaste tu caso en el versículo tres. Y entonces llegaste al versículo cuatro. Silencio. Algo así como una biblioteca a la medianoche. La respuesta no llegó. Nadie hizo el depósito que cubriría el sobregiro. Cuando no llega la respuesta, ¿qué dice tu versículo cinco?

El de María pudo haber dicho lo siguiente:

«Ella se largó refunfuñando».

«Ella declaró que ya no creía en su Hijo».

«Ella dijo: "Si me quisieras, contestarías mi oración"».

«Ella dijo: "Todos estos años he lavado tu ropa y te he cocinado, ¿y así me lo agradeces?"».

Sin embargo, el versículo cinco de María dice así: «Entonces María les dijo a los sirvientes: "Hagan todo lo que Jesús les diga"» (Juan 2:5 TLA).

¿Traducción? «Jesús tiene el control. Yo no». «Él gobierna el mundo. Yo no». «Él ve el futuro. Yo no puedo». «Confío en Jesús. Todo lo que te diga que hagas, hazlo». *Todo* quiere decir todo. Todo lo que diga, todo lo que ordene. Aun si su «todo» es un *nada en absoluto*, hazlo.[1]

María lo dejó claro: Cristo era el rey de la boda. Igual podría haber colocado una corona en su cabeza y cubierto sus hombros con un manto. Treinta años viviendo con Jesús le habían enseñado: él sabe lo que está haciendo. Ella tenía fe, no de que haría exactamente lo que ella había pedido, sino que haría exactamente lo que fuera correcto. El que ella creyera en él le dio la fuerza para decir: «Si él dice "sí", excelente. Si dice "no", está bien».

Algo en la fe explícita de María provocó que Jesús cambiara su agenda.

> Había allí seis tinajas de piedra, de las que usan los judíos en sus ceremonias de purificación. En cada una cabían unos cien litros. Jesús dijo a los sirvientes: «Llenen de agua las tinajas». Y los sirvientes las llenaron hasta el borde. «Ahora saquen un poco y llévenlo al encargado del banquete», les dijo Jesús. Así lo hicieron. (vv. 6-8)

Seis tinajas de agua producirían suficiente vino para —prepárate— ¡756 botellas de vino![2] Napa nunca conoció una cosecha como esa.

> El encargado del banquete probó el agua convertida en vino sin saber de dónde había salido, aunque sí lo sabían los sirvientes que habían sacado el agua. Entonces llamó aparte al novio y le

> dijo: «Todos sirven primero el mejor vino y, cuando los invitados ya han bebido mucho, entonces sirven el más barato; pero tú has guardado el mejor vino hasta ahora». (vv. 9-10)

El milagro de Cristo resultó no simplemente en abundancia de vino, sino en abundancia de buen vino.

Un vino de cocina hubiera sido suficiente. Un añejo de colmado hubiera cumplido con las expectativas de los invitados. Un sorbo modesto con un pedazo de pizza un martes por la noche hubiera sido suficiente para María. Pero no era suficiente para Jesús. Algo poderoso ocurre cuando le presentamos nuestras necesidades y confiamos en que él hará lo correcto: él «puede hacer muchísimo más que todo lo que podamos imaginarnos o pedir» (Efesios 3:20).

Simplemente nos toca a nosotros creer... creer que Jesús es rey de toda y cada situación. Entonces, presenta tu petición específica y confía en que él hará, no lo que tú quieres, sino lo que es mejor. Antes de darte cuenta, estarás brindando en honor de Aquel que escucha tus peticiones.

Por cierto, si todavía estás por aquí en el 2038, te dejaremos saber si nuestro amigo, el pronosticador de longevidad, sabía lo que estaba haciendo.

CAPÍTULO 3

El largo camino entre la oración ofrecida y la contestada

Bill Irwin no fue la primera persona en recorrer a pie el sendero de los Apalaches. No fue el único individuo en comenzar en la montaña Springer, en Georgia, y concluir en el monte Katahdin, en Maine. Otras almas aventureras han caminado los tres mil cuatrocientos kilómetros, soportado la nieve, el calor y la lluvia, dormido en el suelo, vadeado los riachuelos y tiritado en el frío. Bill Irwin no fue el primero en lograr esta hazaña. Pero sí fue el primero en esto: era ciego cuando lo hizo.

Tenía cincuenta años cuando, en 1990, emprendió la caminata. Era un alcohólico en recuperación y un cristiano comprometido, así que se memorizó 2 Corintios 5:7 y lo convirtió en su mantra: «Vivimos por fe, no por vista». Y eso hizo. No usó mapas, ni GPS, ni compás. Eran solo Irwin, su pastor alemán y el escabroso terreno de las montañas. Él estima que se cayó cinco mil veces,[1] que se traduce en un promedio de veinte veces al día durante ocho meses. Batalló contra la hipotermia, se fracturó las costillas, y se peló las manos y las rodillas más veces de las que podía contar.[2]

Pero terminó. Hizo la larga caminata por fe y no por vista.

Tú estás haciendo lo mismo. Probablemente no en los senderos de los Apalaches, pero sí en las pruebas de la vida. Estás caminando, no por las veredas entre Georgia y Maine. No, estás caminando por un camino más escarpado y largo... el camino entre la oración ofrecida y la oración contestada. Entre

- la súplica y la celebración
- las rodillas dobladas y los brazos levantados
- las lágrimas de miedo y las lágrimas de alegría
- «Ayúdame, Señor» y «Gracias, Señor»

¿Conoces el camino? ¿Cómo se oscurece con las dudas? ¿Cómo te acompaña la desesperación sin que la invites? Si puedes identificarte con esto, esta historia te parecerá inspiradora.

> En su paso por Galilea, Jesús llegó a Caná, donde había convertido el agua en vino. Cerca de allí, en Capernaúm, había un funcionario de gobierno que tenía un hijo muy enfermo. Cuando supo que Jesús había ido de Judea a Galilea, fue a verlo y le rogó que se dirigiera a Capernaúm para sanar a su hijo, quien estaba al borde de la muerte (Juan 4:46-47 NTV).

El padre tenía un alto rango en la corte de Herodes. Probablemente era gentil. Hoy día, su homólogo sería el jefe de gabinete en la Casa Blanca o un miembro del gabinete presidencial. Ocupaba una posición prestigiosa y supervisaba a muchos sirvientes. Pero nada de eso importaba, pues tenía un hijo que estaba muy enfermo. El hijo era pequeño, solo un niñito (Juan 4:49). Sin duda, el prominente aristócrata había convocado a los médicos más reconocidos para que ayudaran a su niño. Pero nadie podía hacer nada. Su hijo aún estaba al borde de la muerte. El dinero no es todopoderoso. Ni el rango ni las riquezas pueden proteger a sus dueños de la enfermedad o la muerte. Ciertamente, este padre habría entregado ambos para devolverle la salud a su hijo.

Él vivía en Capernaúm, un pueblo pesquero que servía como base de operaciones para Jesús. Pedro tenía una casa allí. A Jesús lo conocían por hablar en la sinagoga. Es fácil imaginarnos que un aldeano le sugiriera al padre consternado: «Pídele al nazareno que ayude a tu hijo. Él tiene poder sanador». A Jesús lo conocían muy bien en Capernaúm.

Sin embargo, Jesús estaba a veintinueve kilómetros de distancia, en la ciudad de Caná.[3]

El oficial emprendió el viaje. Besó a su hijo febril en la frente, le hizo una promesa a su esposa ansiosa y luego partió hacia el noreste, alrededor del mar de Galilea. El viaje requería alimentos, planificación y un equipo de seguridad. Si partía al amanecer, llegaría a Caná para el atardecer. Si salía al mediodía, tendría que pasar la noche en una posada u hospedarse en una habitación prestada. De cualquier manera, no podría disfrutar el recorrido, pararse para ver las atracciones ni visitar a nadie durante el viaje. Para cuando vio a Jesús en Caná, el oficial sin duda estaba cansado y preocupado.

«Fue a verlo [a Jesús] y le rogó que se dirigiera a Capernaúm para sanar a su hijo, quien estaba al borde de la muerte» (v. 47 NTV). Esta petición fue directa. Urgente. No mencionó su posición, rango o título. No prometió contribuir a la causa de Cristo. No insinuó que mereciera ayuda divina. Fue donde Jesús como un padre desesperado. Le *rogó* que lo acompañara a Capernaúm. Imagino al hombre en sus rodillas, tal vez con su rostro en el suelo, implorándole a Jesús que regresara con él y sanara a su hijo. No solo tenía una petición; también tenía un plan de acción. En su mente, caminarían juntos, uno al lado del otro, de Caná a Capernaúm, hasta pararse junto al niño moribundo.

La respuesta de Cristo nos sorprende. «¿Acaso nunca van a creer en mí a menos que vean señales milagrosas y maravillas?» (Juan 4:48 NTV).

¡Válgame, Dios! No me esperaba esta pregunta almidonada, ¿y tú? A solo un milagro en el evangelio de Juan, escuchamos a Jesús decir: «Ten cuidado». Ondeó una bandera de advertencia contra una fe contingente, una fe que dice *voy a creer si...* o *creeré cuando...*

¿Qué provocó esta respuesta? ¿Quizás la actitud de los aldeanos? Ellos prestaron atención a la llegada del oficial con todo su séquito. Se enteraron de que tenía un hijo moribundo y del plan para solicitar la ayuda de Jesús. Lo siguieron, no porque estuvieran preocupados por el niño, sino por la fascinación con los milagros. Después de todo, estaban en Caná. Ya se había corrido la voz sobre el milagro de la conversión del agua en vino. Tal vez esperaban ver otra demostración de poder. «Vamos, Cristo», daba a entender su presencia. «Demuéstranos lo que puedes hacer».

O quizás Jesús vio una fe contingente en la petición del padre. El hombre no solo pidió ayuda, sino que también le dijo a Jesús la manera en que la ayuda debía aplicarse. «Ven a Capernaúm y sana a mi hijo». Como era un oficial de alto rango, estaba acostumbrado a dar órdenes. Les decía a sus subordinados qué hacer y cómo hacerlo. ¿Estaba haciendo lo mismo con Jesús? ¿El que creyera en

Cristo dependía de que él estuviera dispuesto a contestar su oración de una manera específica?

Cualquiera que haya sido la razón, Cristo sintió que una advertencia era apropiada. En su primer milagro, Jesús recompensó la fe incondicional de «hagan todo» de María. En este milagro advirtió sobre la fe condicional de las personas. La fe contingente es la fe de tiza en la acera: se ve hermosa cuando brilla el sol, pero desaparece cuando cae la lluvia.

El padre no respondió a la advertencia. Su corazón estaba a una docena de salidas en la autopista. No disputó el que alguna gente exija milagros; él simplemente quería mantenerse enfocado en la tarea en cuestión. «Señor, por favor —suplicó el funcionario—, ven ahora mismo, antes de que mi hijito se muera» (Juan 4:49 NTV).

Su petición no podía ser más sincera. Su instrucción no podía ser más clara. «Ven ahora mismo».

Y Jesús respondió a ella. «Entonces Jesús le dijo: "Vuelve a tu casa. ¡Tu hijo vivirá!"» (v. 50 NTV).

¡Buena noticia! ¿O no? Jesús contestó la oración del hombre... ¿o no? El funcionario tenía una razón para alegrarse, pero a lo mejor no era así. El hombre le pidió a Jesús que lo acompañara a Capernaúm. Pero Jesús le dijo: «Vuelve a tu casa. ¡Tu hijo vivirá!».

Este fue el momento de la verdad para el padre; el momento en que emprendió su más larga caminata. La oración fue ofrecida en Caná. ¿Sería la oración contestada en Capernaúm? No lo sabía. Tenía que tomar una decisión.

Tal vez el funcionario dio media vuelta y voló hasta su casa en la alfombra mágica de la fe. Quizás iba chocando los cinco con todo el mundo en su camino y gritando: «¡Mi hijo moribundo vivirá!». Puede que haya dormido como un bebé aquella noche y se haya despertado alegre la mañana siguiente. El sol resplandecía, el cielo estaba azul, y él iba saltando y silbando por todo el camino hasta su casa en Capernaúm.

Si fue así, era mejor hombre que yo. Yo habría tragado saliva ante la respuesta de Jesús. Habría mirado primero a Cristo, luego el camino. Primero a un lado, luego al otro. «¿Estás seguro, Jesús? ¿No puedes caminar conmigo, Jesús? Mi esposa cocina riquísimo. Le dije que vendrías conmigo. ¿No quieres acompañarme, por favor?».

¿Qué tal si llegaba a Capernaúm y el hijo no había mejorado? ¿Qué tal si el Mesías se iba a otra ciudad antes que el padre pudiera encontrarlo otra vez?

Él decidió. «El hombre creyó lo que Jesús le dijo, y se fue» (Juan 4:50). Creyó en la palabra hablada de Cristo.

> Mientras el funcionario iba en camino, algunos de sus sirvientes salieron a su encuentro con la noticia de que su hijo estaba vivo y sano. Él les preguntó a qué hora el niño había comenzado a mejorar, y ellos le contestaron: «Ayer, a la una de la tarde, ¡la fiebre de pronto se le fue!». Entonces el padre se dio cuenta de que la sanidad había ocurrido en el mismo instante en que Jesús le había dicho: «Tu hijo vivirá». Y tanto él como todos los de su casa creyeron en Jesús. Esa fue la segunda señal milagrosa que hizo Jesús en Galilea al volver de Judea. (vv. 51-54 NTV)

La buena noticia de los sirvientes se encontró con una buena pregunta del padre: ¿A qué hora comenzó a mejorar? Respuesta:

a la una de la tarde. Justo el momento en el que Jesús había dicho la palabra.

Jesús había hecho una sanidad a larga distancia. El milagro no era solo en la vida del niño, sino en la fe salvadora de toda la casa. ¿No era eso lo que Jesús quería? La sanidad física fue un regalo indescriptible, sin duda. Pero, tarde o temprano, el niño murió. No conozco a ningún anciano de dos mil años de Galilea. El milagro de vida de Jesús fue de corto plazo. El milagro de fe de Jesús fue eterno. Toda la familia creyó en Jesús. Haber creído resultó en vida eterna.

¿Qué me dices de ti? ¿Te encuentras en algún punto entre Caná y Capernaúm? Como el oficial, elevaste una oración sincera. Le suplicaste ayuda a Jesús. Y, como el oficial, no recibiste la respuesta en la manera que querías. Así que, aquí estás, haciendo lo mejor posible para poner un pie delante del otro, caminando por el camino de la obediencia.

El asunto aquí es la oración «aún sin contestar». O la oración «aún sin contestar como lo pedí». Cuando pedimos un Plan A y Cristo responde con un Plan B, ¿cómo debemos reaccionar? ¿Cómo encontramos la fuerza para hacer en nuestras vidas lo que Bill Irwin hizo en los Apalaches? ¿Cómo caminamos por fe cuando hasta aquí estamos ciegos a la solución?

¿Puedo discutir este tema cuidadosamente? Antes de sugerir una respuesta, ¿puedo decirte que lamento que tengamos que discutir la pregunta? Lamento que tengas una oración que espera una respuesta. Lamento que no te hayan dado el trabajo, que tu cónyuge no haya pedido perdón o que el cáncer haya decidido hacer metástasis. Lamento que te encuentres entre Caná y Capernaúm. La vida tiene su cuota de momentos oscuros y fríos.

Y Cristo no removerá todo el dolor de este lado del cielo.

¿Alguien te dijo otra cosa? ¿Alguien te aseguró que Dios solo permite cielos azules, arcoíris y rayos de sol? Se expresaron mal. Lee la Biblia desde la tabla de contenido al principio hasta los mapas al final, y no encontrarás ninguna promesa de una vida sin dolor de este lado de la muerte.

Pero sí encontrarás esta garantía: «Nunca te dejaré; jamás te abandonaré» (Hebreos 13:5).

Cuando el padre llegó a Capernaúm hizo este maravilloso descubrimiento: la presencia y el poder de Jesús se le habían adelantado. Tal vez pensó que iba solo por el camino. Todo lo contrario. Cristo había llegado sobrenaturalmente a la residencia del funcionario y no solo había sanado al hijo, sino que también se ganó los corazones de toda la familia.

¿Recibió respuesta la oración del padre? Por supuesto. Fue contestada de una manera mejor que la que había pedido.

Lo mismo ocurrirá con la tuya. Quizás la respuesta llegará de este lado del cielo. Quizás te espere del otro lado. De cualquier manera, esta historia nos insta a ti y a mí a seguir caminando y creyendo en nuestro Dios, que es «nuestra ayuda segura en momentos de angustia» (Salmos 46:1). ¿No te encanta esa frase?

Ayuda *segura*. No es ayuda ocasional ni esporádica. Nunca te pondrán en espera ni te dirán que regreses más tarde. Él nunca está demasiado ocupado, preocupado ni está atendiendo un compromiso previo. Dios es nuestra...

Ayuda segura. Está tan cerca como tu siguiente respiro. Tan próximo como tu propia piel. «¿A dónde podría alejarme de tu Espíritu? ¿A dónde podría huir de tu presencia? Si subiera al cielo, allí estás tú; si tendiera mi lecho en el fondo del abismo, también estás allí» (Salmos 139:7-8). ¿Una clínica de rehabilitación? Él está allí. ¿Una celda? Él está presente. Ninguna junta directiva es demasiado superior. Ningún prostíbulo es muy vulgar. Ningún palacio tiene demasiada realeza. Ninguna casucha es tan ordinaria. «Él no está lejos de ninguno de nosotros» (Hechos 17:27). Él está presente. Y está presente para...

Ayudar. No para herir, lastimar o estorbar. Está aquí para ayudar. Ese es el mensaje de este milagro.

¿Sientes que tus días parecen una caminata por el sendero de los Apalaches en pleno invierno? ¿Que todo lo que puedes hacer es poner un pie delante del otro? Si es así, te ruego que aguantes. ¡No tires la toalla! No te rindas. La ayuda está aquí. Tal vez no llegue de la manera que pediste ni tan rápido como quisieras, pero llegará. Da por sentado que algo bueno pasará. El cerrojo de la puerta al mañana está abierto desde adentro. Dale vuelta al picaporte y sal.

Hace unos años, mi esposa y yo cenamos en la casa de campo tejana de Gerald Jones. Tal vez no reconozcas el nombre Gerald Jones, pero posiblemente hayas escuchado su nombre profesional: G. Harvey. Fue uno de los mejores artistas en Estados Unidos.

Su casa era el sueño de cualquier coleccionista de G. Harvey. Una pared tras otra con pinturas originales. Un marco tras otro de perfección.

Detrás de la casa estaba su estudio, un taller de pinturas incompletas. Lonas pintadas parcialmente. Gente sin cabeza. Montañas sin cimas. Ahora bien, estoy lejos de ser un experto en arte, pero hasta yo sabía que no debía señalarle estos detalles al artista. Qué poco inteligente habría sido decir: «Oye, Gerald, este árbol está incompleto». O, «Se te olvidó pintarle las patas a este caballo».

El artista aún no había terminado.

El Artista divino tampoco ha terminado. La tierra es su estudio. Cada ser humano en la tierra es uno de sus proyectos. Cada suceso en la tierra es parte de su gran mural. Él no ha terminado. «Y estoy seguro de que Dios, quien comenzó la buena obra en ustedes, la continuará hasta que quede completamente terminada el día que Cristo Jesús vuelva» (Filipenses 1:6 NTV).

En esta vida caminamos muchas veces entre Caná y Capernaúm; recorridos entre la oración ofrecida y la oración contestada. Jesús le prometió al padre del niño una bendición segura al final de la jornada. Él nos promete lo mismo a nosotros.

Conoceremos a este papá cuando lleguemos al cielo. Cuando lo haga, voy a preguntarle sobre aquel recorrido. Quiero escuchar sobre cómo se sintió, en qué pensó. Pero, sobre todo, voy a darle las gracias por haber inspirado este versículo: «El hombre creyó lo que Jesús le dijo, y se fue» (Juan 4:50).

Haz lo mismo. Fija tu brújula en la estrella polar de la promesa de Dios, y pon un pie cansado delante del otro. Jesús ha hablado. Permite que su palabra cumpla su propósito: llevarte a casa.

CAPÍTULO 4

Ponte de pie, toma tu camilla y anda

La idea de Timothy Cipriani era sencilla. Bajaría por el conducto de ventilación de la pizzería, robaría la registradora y saldría por donde mismo entró. Pero el tiro le salió por la culata. O había estado comiendo demasiada pizza, o el conducto de ventilación era muy estrecho, pero se quedó atascado. Estaba guindando sobre la freidora, con las piernas colgando del techo, mientras gritaba pidiendo ayuda. A la policía le tomó treinta minutos sacarlo de allí.

Es terrible estar atascado. Solo pregúntales a las dieciocho personas montadas en una montaña rusa en Anhui, China. El mal tiempo en el parque de diversiones provocó que la atracción se detuviera bruscamente en el punto más elevado del circuito, ¡y dieciocho pasajeros quedaron suspendidos de cabeza durante media hora! Todos fueron rescatados, pero seis de ellos tuvieron que ir al hospital.

¿Cómo se dice: «Estoy a punto de vomitar» en mandarín?

¿Y cómo la gente de la provincia de Jiangsu dice: «¡Esto apesta!»?

Esa fue la opinión del hombre al que se le cayó el celular en un inodoro. Los rescatadores lo encontraron agachado sobre el inodoro, con el brazo sumergido hasta el hombro. Los trabajadores tuvieron que romper la taza de porcelana para desatascarlo.[1]

Espero que la llamada haya valido la pena.

Lo más probable es que nunca te hayas quedado atascado en un conducto de ventilación, ni en una montaña rusa, ni en un inodoro, pero sí has estado atascado. Entre la espada y la pared, sin poder escapar. Atrapado en el lodo del resentimiento, ahogado en las deudas, atollado en un callejón sin salida profesional, hasta la cintura en el pantano de un conflicto sin solución. Atascado. Atascado con padres que no escuchan o empleados que no cambian. Atascado con un jefe severo o una adicción obstinada.

Atascado.

El hombre que estaba junto al estanque de Betesda no usó la palabra *atascado*, pero pudo haberlo hecho. Durante treinta y ocho años, cerca de la orilla del estanque, estaba solo él, su camilla y su cuerpo paralizado. Y como nadie le ofrecía ayuda, la ayuda nunca llegó.

Estaba seriamente, incuestionablemente, innegablemente atascado.

> Después Jesús regresó a Jerusalén para la celebración de uno de los días sagrados de los judíos. Dentro de la ciudad, cerca de la puerta de las Ovejas, se encontraba el estanque de Betesda, que tenía cinco pórticos cubiertos. Una multitud de enfermos —ciegos, cojos, paralíticos— estaban tendidos en los pórticos. Uno de ellos era un hombre que hacía treinta y ocho años que estaba enfermo. (Juan 5:1-5 NTV)

Sin duda era una escena miserable: multitudes de personas —ciegos, cojos, derrotados, abatidos, uno después de otro— esperando su oportunidad para que los metieran en el estanque donde agitaban las aguas sanadoras.[2]

El estanque era grande: 120 metros de largo, 50 metros de ancho y 15 metros de profundidad.[3] Construyeron cinco pórticos para proteger del sol a los enfermos. Como soldados heridos en el campo de batalla, los débiles y frágiles se aglomeraban junto al estanque.

Todavía hoy día vemos esas escenas. Los refugiados desnutridos en los campos en Siria. Los enfermos sin tratar en las calles de Bangladesh. Los huérfanos que pasan desapercibidos en China. Indigentes abandonados, inmigrantes no deseados... se siguen reuniendo. En el Parque Central. En el Hospital Metropolitano. En el Restaurante de la Esquina. Es cualquier colección de masas amontonadas que se caracteriza por el dolor y el sufrimiento.

¿Puedes visualizarlos?

Y, más importante aún, ¿puedes visualizar a Jesús caminando entre ellos?

Todas las historias de ayuda y sanidad en los evangelios nos invitan a acoger la maravillosa promesa: «Jesús recorría todos los pueblos [...] sanando toda enfermedad y toda dolencia. Al ver a las multitudes, tuvo compasión de ellas, porque estaban agobiadas y desamparadas, como ovejas sin pastor» (Mateo 9:35-36).

A Jesús lo atraía la gente que sufría, y aquel día en particular, lo atrajo el estanque de Betesda. ¿Qué emociones sintió al escudriñar aquella aglomeración de adversidad? ¿Qué pensó mientras escuchaba sus peticiones? ¿Le tocaron el manto mientras caminaba entre ellos? ¿Los miraba a los ojos? Era una escena triste, lastimosa. Sin embargo, Jesús caminó en medio de ella.

Sus ojos se posaron sobre el personaje principal de este milagro, un hombre que «hacía treinta y ocho años que estaba enfermo. Cuando Jesús lo vio y supo que hacía tanto que padecía la enfermedad, le preguntó: "¿Te gustaría recuperar la salud?". "Es que no puedo, señor", contestó el enfermo, "porque no tengo a nadie que me meta en el estanque cuando se agita el agua. Siempre alguien llega antes que yo"» (Juan 5:5-7 NTV).

Que pregunta extraña para hacerle a una persona enferma: ¿te gustaría recuperar la salud?

He visitado enfermos desde 1977. Mi primera tarea ministerial fue una práctica pastoral que incluía rondas regulares en diferentes hospitales en St. Louis, Missouri. Desde aquellos días, he hablado con cientos, quizás miles, de enfermos: en iglesias, hospitales, hogares para ancianos y unidades para pacientes terminales. He orado por migrañas y sarampión. He ungido con aceite, tomado las manos de moribundos, susurrado oraciones, levantado mi voz, me he arrodillado al lado de camas, he leído la Biblia y apoyado a familias preocupadas. Pero nunca jamás —ni una sola vez— le he preguntado a un enfermo: «¿Te gustaría recuperar la salud?».

¿Por qué Jesús haría una pregunta como esa? Nuestra única pista es la frase «Jesús lo vio y supo que hacía tanto que padecía la enfermedad» (v. 6 NTV). El hombre estaba a solo dos años de cuatro décadas como un inválido. Treinta y ocho años... casi el mismo tiempo que los hebreos vagaron en el desierto. Fue la duración de la condición lo que llevó a Cristo a preguntar: «¿Te gustaría recuperar la salud?».

¿Qué tono usó Jesús? ¿Fue el pastor compasivo? ¿Hizo la pregunta con una voz temblorosa y suave? Quizás.

Pero lo dudo. La frase «cuando Jesús [...] supo que hacía tanto que padecía la enfermedad» me hace pensar de otro modo. Y la respuesta del hombre me convence.

> «Es que no puedo, señor —contestó el enfermo—, porque no tengo a nadie que me meta en el estanque cuando se agita el agua. Siempre alguien llega antes que yo». (v. 7 NTV)

¿En serio? ¿*Nadie* puede ayudarte? ¿Alguien *siempre* llega antes que tú? ¿En treinta y ocho años no pudiste acercarte al estanque ni una pulgada? ¿Ni persuadir a alguien para que te diera una mano? ¿Treinta y ocho años, y absolutamente ningún progreso?

En ese contexto, la pregunta de Cristo toma un tono firme: *¿Te gustaría recuperar la salud*? ¿O te gusta estar enfermo? Te va de lo más bien aquí. Tu tarro recolecta suficientes monedas para comprar los frijoles y la tocineta. No está mal. Además, la sanidad alteraría las cosas. Estar sano significa levantarte, buscar un trabajo y tener que trabajar. Vivir la vida. ¿Quieres realmente que te sane?

Esa fue la pregunta que Cristo hizo entonces. Es la pregunta que Cristo nos hace a todos.

¿Quieres ser una persona... sobria? ¿Solvente? ¿Educada? ¿Mejor? ¿Quieres estar en forma? ¿Dejar atrás tu pasado? ¿Superar tu crianza? ¿Quieres ser más fuerte, saludable, feliz? ¿Quieres ver a Betesda solo en el retrovisor? ¿Estás listo para un día nuevo, para una manera nueva? ¿Estás listo para desatascarte?

¡Ah! Ahí está. Esa es la palabra. Es el descriptor.

Desatascado.

Desatorado.

Suelto.

Liberado.

Destrabado.

Sin cadenas.

Desatascado.

La vida se siente atascada cuando la vida no progresa. Cuando batallas contra el mismo desaliento que enfrentabas hace una década atrás o luchas con los mismos miedos que enfrentabas hace un año atrás. Cuando te levantas con los mismos complejos y costumbres. Cuando Betesda se convierte en una dirección postal permanente. Cuando sientes como si todo el mundo llegara al estanque antes que tú y nadie quisiera ayudarte.

Si ese eres tú, entonces presta atención a la promesa de este milagro. Jesús te ve. ¿Ese Betesda de tu vida? Otros te evitan por causa de él. Jesús camina hacia ti en medio de él. Él tiene una versión nueva de ti que está esperando para aparecer. Y te dice lo mismo que le dijo al hombre: «¡Ponte de pie, toma tu camilla y anda!» (Juan 5:8 NTV).

Ponte de pie. Haz algo. Actúa. Escribe una carta. Solicita el trabajo. Habla con un consejero. Busca ayuda. Haz algo radical. Ponte de pie.

Toma tu camilla. Rompe del todo con el pasado. Limpia el gabinete de los licores. Bota las novelas llenas de porquería. Deja de andar con mala compañía. Deja al novio como si fuera un mal hábito. Pon filtros para pornografía en tu teléfono y computadora. Habla con un consejero financiero.

Y *anda.* Amárrate las botas y emprende el camino. Supón que algo bueno va a ocurrir. Fija tu mirada en un nuevo destino y comienza la caminata. Desatascarse significa emocionarte porque saldrás de esta.

Presta atención a la invitación de este milagro: cree en el Jesús que cree en ti. Él cree que puedes levantarte, comenzar y seguir adelante. Eres más fuerte de lo que piensas. «Porque yo sé muy bien los planes que tengo para ustedes —afirma el Señor—, planes de bienestar y no de calamidad, a fin de darles un futuro y una esperanza» (Jeremías 29:11).

Sin duda, le dio un futuro radiante al mendigo de Betesda. «Al instante aquel hombre quedó sano» (Juan 5:9). Lo único que Jesús hizo fue hablar y ocurrió el milagro.

Él hizo lo mismo por Bárbara Snyder en 1981. No había caminado en siete años. Había sido gimnasta en su escuela secundaria. Pero la esclerosis múltiple le puso fin a eso. Comenzó a tropezar con las puertas y las paredes. Los dieciséis años siguientes trajeron una crisis tras otra. Perdió el control de su intestino y su vejiga. Estaba casi ciega. Tuvieron que hacerle una traqueotomía, estaba confinada a una cama de hospital en su casa y le dieron seis meses de vida. Harold Adolph llevó a cabo dos mil quinientas cirugías durante su carrera. Él la llamó «una de las pacientes más irremediablemente enferma que jamás haya visto».

Pero entonces llegó la orden de Cristo. Una amiga llamó a la estación radial cristiana de Moody Bible y pidió que oraran por la sanidad de Bárbara. Unos 450 radioescuchas escribieron a la iglesia a la que ella pertenecía para decir que estaban orando.

La tía de Bárbara seleccionó algunas de las cartas y las trajo consigo para leérselas a Bárbara el domingo de Pentecostés de 1981. Mientras estaba escuchando las cartas, Bárbara oyó la voz de un hombre detrás de ella. «Mi niña, ¡levántate y camina!». No había ningún hombre en la habitación. Una de sus amigas, como notó que Bárbara estaba preocupaba, cubrió el hueco en su cuello para que Bárbara pudiera hablar. «Dios acaba de decirme que me levante y camine. ¡Sé que realmente lo hizo! Corre y busca a mi familia. ¡Quiero que estén aquí con nosotras!».

La familia llegó. Y uno de sus médicos, el doctor Thomas Marshall, describió lo que pasó después: «Ella literalmente saltó de la cama y se quitó el oxígeno. Se paró sobre las piernas que por años no la habían sostenido. Su vista regresó... y podía mover libremente sus pies y sus manos».

Aquella noche, Bárbara asistió a un servicio de adoración en la Iglesia Wesleyana Wheaton. Cuando caminó por el pasillo central, la gente comenzó a aplaudir, y luego, como si el director de un coro hubiera dado una señal, todos comenzaron a cantar «Sublime gracia».[4]

Cristo hizo la obra. Cristo llevó a cabo el milagro. Cristo intervino. Pero, aun así, Bárbara tuvo que creer. Tuvo que levantarse y caminar.

Lo mismo tienes que hacer tú. Lo mismo tengo que hacer yo.

Cuando presenté este mensaje en nuestra iglesia, uno de los miembros me escribió una carta. Se acordó de un sermón de Viernes Santo en el que yo había contado la historia de una maestra de primaria que les había pedido a sus estudiantes que hicieran una lista de cosas que no podían hacer. Las listas se colocaron en una caja y se enterraron en el patio de la escuela. Al guardar las cosas que no podían hacer, los estudiantes podían concentrarse en las cosas que podían hacer.

El autor de la carta recordaba aquel sermón. Me contó que su esposa había muerto de cáncer unos meses antes de aquel Viernes Santo. Durante el fin de semana del Domingo de resurrección sentía que el dolor lo estaba ahogando. En una de sus últimas acciones, su esposa había plantado unas semillas de amapola en su patio. Nunca crecieron.

Él decidió darle otro uso a la tierra donde ella había sembrado las semillas de amapola. Cuando llegó a su casa después del servicio, hizo una lista de sus «no puedo». Escribió cosas como: «No puedo superar la muerte de Janelle», «Jamás podré amar otra vez» y «No puedo enfrentar mi trabajo». El sábado por la mañana enterró la lista en la tierra que tenía las semillas. En su carta me escribió: «La carga desapareció. Sentí una sensación inexplicable de PAZ/alivio».

Voy a dejar que él te cuente lo que pasó después.

> Al otro día por la mañana, el Domingo de resurrección, decidí visitar el lugar donde había enterrado mi cajita de «no puedo». Quería meditar allí y elevar una corta oración. Mientras me acercaba al lugar, algo me dejó atónito. Allí, meciéndose en la suave brisa, ¡había una amapola roja! ¡Quedé anonadado![5]

Dios resucitó la esperanza en el corazón del viudo. Sanó el cuerpo de Bárbara Snyder.

¿Qué hará Dios por ti? No puedo decirte. Los que reclaman que pueden predecir el milagro no son sinceros. La ayuda de Dios, si bien siempre está presente, siempre es específica. No nos corresponde decir lo que Dios hará. Nuestra tarea es creer que él hará algo. Simplemente depende de nosotros ponernos de pie, tomar nuestra camilla y andar.

Jesús toma esta orden en serio. Cuando encontró al hombre recién sanado en el templo, le dijo: «Mira, ya has quedado sano. No vuelvas a pecar, no sea que te ocurra algo peor» (Juan 5:14). ¡Dejarse enredar en la inercia es pecado! Quedarse estancado, sin hacer nada, se considera una seria ofensa.

No más Betesda para ti. No más levantarte por la mañana y acostarte en la noche en el mismo lío. Dios desmanteló el punto muerto de tu transmisión. Él es el Dios de moverse hacia delante, el Dios de mañana. Y está listo para escribir un nuevo capítulo en tu biografía.

El hombre en la historia de Juan había esperado treinta y ocho años, pero —bendito sea Dios— no quiso esperar ni un día más. Podía hacerlo. Para ser sincero, yo pensaba que lo haría. Mientras leía su excusa, pensé que se quedaría atascado para siempre. Pero algo sobre la presencia de Cristo, la pregunta de Cristo y la orden de Cristo lo convenció de no esperar otro día.

Unámonos a él. Pregúntale al Señor: ¿qué puedo hacer hoy que me lleve en la dirección de un mejor mañana? Sigue preguntando hasta que escuches la respuesta. Y una vez que la escuches, hazlo. Ponte de pie, toma tu camilla y anda.

CAPÍTULO 5

Podemos solucionar esto

La historia que estoy a punto de contarte me cualifica para formar parte de una población en extinción. Los lectores más jóvenes posiblemente descartarán lo que les digo como hipérbole. Nadie, razonarán, ha vivido tanto tiempo. Ningún ser viviente, presumirán, todavía recuerda esos días. Nadie, les dirán a sus amigos con vaqueros rasgados y cubiertos en tatuajes, está vivo todavía que recuerde el día que el email apareció en el mundo.

Pero, con Dios como testigo, estoy vivo, estuve allí y me acuerdo.

La última década del siglo veinte estaba apenas comenzando. Clinton todavía tenía un poco de pelo sin canas. Los autos aún tenían videocaseteras. Y acogí la idea equivocada de que el email era algo pasajero. Le pasará lo mismo que a los «Slinkies» y a los toboganes para deslizarse. (También juzgué mal a esos dos). ¿Quién en su sano juicio, razonaba con mis amistades, cambiaría las cartas escritas a mano por un correo electrónico?

Lo que no les confesé entonces y ahora reconozco públicamente por primera vez es que me sentía abrumado por el mundo de las computadoras. Me intimidaban. Aquello era Nueva York y yo era un campesino rústico. Era la Quinta Sinfonía de Beethoven y yo estaba tocando una pieza mil veces más simple. Era el Océano Pacífico y yo era un pececillo. Pero, de todas maneras, me lanzaron.

Me fui a dormir una noche en un mundo de notas autoadhesivas. Me levanté al otro día en una sociedad sin papel con la que los pensadores modernistas en el personal de nuestra iglesia llevaban soñando por meses. Me decían: «Simplemente piensa en esto: mueves el cursor, haces clic en el ratón y envías el mensaje».

Mi analfabetismo sobre las computadoras era tan grave que pensaba que un cursor era alguien que tomaba un curso, que un módem era algo que podías jalar como la cadena del baño y que un ratón era un roedor que atrapabas. Hasta donde sabía, iniciar una sesión era lo que hacías cuando visitabas un psiquiatra. ¿Y un monitor? Teníamos uno que se llamaba Norman en nuestro dormitorio universitario.

¿Cómo se supone que supiera que *interfaz* era un término en el mundo de las computadoras? Pensaba que era un insulto que usabas en un partido de básquetbol después de hacer un mate. (¡EntuFAZ, baby!) Perdóname por haberme quedado tan atrás, pero me sentía intimidado. Estaba tan conectado como una tostadora en la cocina de un amish. No sabía dónde empezar, cómo actuar ni qué preguntas hacer.

Supongo que podrías decir que me sentía abrumado.

Conoces la palabra. Conoces la sensación. Conoces el miedo paralizante, del tipo ciervo encandilado, que aparece cuando es demasiada información para aprenderla, cuando el cambio es demasiado grande para hacerlo, cuando las decisiones son demasiadas para tomarlas, cuando el dolor es demasiado profundo para sobrevivirlo, la montaña es demasiado alta para escalarla y la multitud es demasiado grande para alimentarla.

Por lo menos, eso le dijeron los discípulos a Jesús.

> Algún tiempo después, Jesús se fue a la otra orilla del mar de Galilea (o de Tiberíades). Y mucha gente lo seguía, porque veían las señales milagrosas que hacía en los enfermos. Entonces subió Jesús a una colina y se sentó con sus discípulos. Faltaba muy poco tiempo para la fiesta judía de la Pascua. (Juan 6:1-4)[1]

Juan nos hace un favor al mencionar la proximidad de la fiesta de la Pascua. Nos da un punto de referencia en nuestro calendario. La Pascua era una celebración de primavera. El frío invernal de enero y febrero le estaba cediendo el paso a la brisa cálida y las flores silvestres de marzo y abril. Esta es la primera Pascua de las tres mencionadas en el evangelio de Juan. Jesús estaba a dos primaveras de su última Pascua en el Aposento Alto.

Para los judíos, la Pascua era una temporada de posibilidades; un recuerdo feliz del éxodo de la esclavitud en Egipto que abría el apetito para una repetición. ¿Llegaría la liberación en la forma de un hacedor de milagros nazareno? ¿Sería él su Moisés y los dirigiría a una tierra prometida? Esperaban que así fuera. Habían visto las señales que hacía. Sabían sobre las sanidades y las enseñanzas. Lo estaban siguiendo alrededor del mar de Galilea.

En un momento dado, Jesús se percató de que la multitud no había comido. No tenían más comida en sus sacos. No había carritos de comida ni tiendas en las que pudieran comprar. Allí había más de quince mil personas (cinco mil hombres, más mujeres y niños) y tenían hambre.

«¿Dónde vamos a comprar pan para que coma esta gente?». Esto lo dijo [Jesús] solo para ponerlo a prueba, porque él ya sabía lo que iba a hacer. «Ni con el salario de ocho meses podríamos comprar suficiente pan para darle un pedazo a cada uno», respondió Felipe. Otro de sus discípulos, Andrés, que era hermano de Simón Pedro, le dijo: «Aquí hay un muchacho que tiene cinco panes de cebada y dos pescados, pero ¿qué es esto para tanta gente?». (vv. 5-9)[2]

Felipe, un tipo práctico, le echó un vistazo al mar de rostros. Había escuchado los murmullos, se imaginaba los estómagos rugiendo y respondió sin vacilación: «No tenemos lo que se necesita para satisfacer este reto. No hay monedas en nuestra cartera. No tenemos ni un centavo que sobre en nuestro presupuesto. Nuestra capacidad no tiene la habilidad. Demasiadas bocas para tan poco dinero».

Nota que se repite tres veces la frase «toda esta gente».

1. La pregunta de Jesús: «¿Dónde podemos comprar pan para alimentar a toda esta gente?» (v. 5 NTV).
2. La respuesta de Felipe: «¡Aunque trabajáramos meses enteros, no tendríamos el dinero suficiente para alimentar a toda esta gente!» (v. 7 NTV).
3. La idea de Andrés para comenzar con el almuerzo del niño, pero luego: «Aquí hay un muchacho que tiene cinco panes de cebada y dos pescados, pero ¿qué es esto para tanta gente?» (v. 9).

Jesús reconoció a «toda esta gente». Felipe no veía ayuda para «toda esta gente». Andrés tuvo una idea, pero la sugerencia se marchitó ante el rostro (o los rostros) de «tanta gente».

¿Cuál es tu versión de «toda esta gente»?

Podría ser algo tan ordinario como «todos estos pañales», o «toda esta tarea escolar», o «todos estos días interminables». O podría ser algo tan perturbador como «toda esta diálisis», o «toda esta depresión», o «todas estas cuentas por pagar».

No importa lo que sea, la demanda sobrepasa la oferta, y terminas sintiéndote tan desesperanzado como Felipe y tan insuficiente como Andrés.

Nos gustaría pensar que los seguidores responderían con más fe. Después de todo, habían visto el agua transformada en vino y a un cojo caminar. Nos gustaría ver más coraje, más agallas. Más «nosotros no podemos, ¡pero tú puedes, Jesús!». Pero ni ellos ni los otros silenciosos mostraron chispa. Contaron a la gente hambrienta, el dinero en la cartera y la cantidad de pan y peces. Lo que no contaron, sin embargo, fue a Cristo.

¡Y él estaba parado allí mismo! No podía estar más cerca. Podían verlo, escucharlo, tocarlo, y quizás hasta olerlo. No obstante, la idea de pedirle ayuda no se les ocurrió. Aun así, Jesús puso manos a la obra.

> «Hagan que se sienten todos», ordenó Jesús. En ese lugar había mucha hierba. Así que se sentaron, y los varones adultos eran como cinco mil. Jesús tomó entonces los panes, dio gracias y distribuyó a los que estaban sentados todo lo que quisieron. Lo mismo hizo con los pescados. Una vez que quedaron satisfechos, dijo a sus discípulos: «Recojan los pedazos que sobraron, para que no se desperdicie nada». Así lo hicieron y, con los pedazos de los cinco panes de cebada que les sobraron a los que habían comido, llenaron doce canastas. (Juan 6:10-13)[3]

Me imagino a la gente tirada sobre la hierba verde, tan satisfechos que necesitaban una siesta. Los que no podían dormir, se limpiaban los dientes. Podían escucharse suficientes eructos. Las barrigas hambrientas se convirtieron en barrigas contentas. Había tanta comida que recogieron doce canastas de sobras. (¿Un recordatorio para cada uno de los doce discípulos que dudaba?).

El desafío imposible de alimentar a «toda esta gente» se convirtió en el inolvidable milagro de toda esta gente alimentada. El periódico *Última Hora* publicó el titular «¡Banquete para miles!», con esta oración introductoria: «Cristo hizo lo que nadie imaginaba, tal como hizo en la boda». ¿Acaso no es esa la oración introductoria del mensaje del evangelio? Lo que no podemos hacer, ¡Cristo sí puede hacerlo!

Los problemas que enfrentamos son las oportunidades para que Cristo pruebe este punto.

Si ves tus problemas solo como dificultades y dolor, te convertirás en un ser amargado y enojado. Pero si ves tus problemas como oportunidades para confiar en Dios y su capacidad para multiplicar lo que le das, entonces hasta los incidentes más insignificantes cobran importancia. ¿Estás enfrentando quince mil problemas? Antes que cuentes tu dinero, el pan o los peces, y antes de descartarte a ti mismo, ¡voltéate y mira a Aquel que está parado a tu lado! Cuenta primero a Cristo. Él puede ayudarte a hacer lo imposible. Simplemente necesitas entregarle lo que tienes y mirar cómo obra.

«Jesús tomó entonces los panes» (v. 11). No tenía que usarlos. Podía haber convertido los arbustos que estaban cerca en árboles frutales. Podía haber provocado que el mar de Galilea escupiera una escuela de peces. Él hizo que cayera maná para los israelitas.

Pudo haberlo hecho otra vez. Sin embargo, decidió usar la canasta de un muchacho.

¿Qué hay en tu canasta?

¿Lo único que tienes es una oración debilucha? Dásela. ¿Lo único que tienes es una destreza insuficiente? Úsala. ¿Lo único que tienes es una disculpa? Ofrécela. ¿Lo único que te queda es la fuerza para dar un solo paso? Dalo. Ni tú ni yo somos quiénes para decirle a Jesús que nuestro don es muy pequeño. Dios puede tomar algo pequeño y convertirlo en algo grande. Dios usó los gemidos del bebé Moisés para conmover el corazón de la hija del faraón. Usó la mala memoria de un exconvicto para liberar a José de la prisión y enviarlo al palacio. Usó la honda y la piedra de David para derribar al poderoso Goliat. Usó tres clavos y una cruz en bruto para redimir a la humanidad.[4] Si Dios puede convertir una canasta en un bufet con suficiente comida para que sobre, ¿no crees que pueda hacer algo con tus cinco panes y dos peces de fe?

Biddy Chambers lo creyó. Si se hubiera dado por vencida, nadie la habría criticado. Si se hubiera ido, nadie habría pensado menos de ella. La tarea que Dios le asignó fue que ella y su esposo enseñaran sobre la Biblia.

Se conocieron en 1908, y para 1910 estaban casados, vivían en Londres y estaban ocupados en su sueño de comenzar un instituto bíblico. Compraron una casa grande y ofrecían habitaciones a los estudiantes y los misioneros de licencia. La preparación de Biddy era en estenografía. Ella tomaba notas detalladas de las clases que dictaba su esposo y las convertía en cursos por correspondencia.

Cuando estalló la Primera Guerra Mundial, él sintió el llamado de ministrar a los soldados estacionados en Egipto. Él, Biddy y su hija de dos años y medio se mudaron al Medio Oriente, donde aceptó una posición de capellán. Su ministerio continuó. Él enseñaba, ella transcribía. Él predicaba; ella registraba sus mensajes. Era una colaboración perfecta.

Entonces llegó el contratiempo. Las complicaciones del esposo con su apéndice dejaron viuda a Biddy. Su esposo falleció a los cuarenta y tres años. Lo enterró en Egipto y regresó a Londres para enfrentar esta pregunta: ¿cómo podría colaborar con su esposo si su esposo ya no estaba? Tendría que abandonar todos los sueños de un ministerio de enseñanza, ¿cierto?

No. Biddy decidió entregarle a Dios sus panes y sus peces. Se dedicó a la tarea de convertir las notas de su esposo en folletos y los enviaba por correo a sus amigos y conocidos. Con el tiempo, los compiló en un libro. *My Utmost for His Highest* [*En pos de lo supremo*] fue publicado en 1927.[5]

Nadie habría podido predecir el impacto que este libro tendría en sus lectores. Entre sus primeros admiradores están Billy Graham, Bill Bright y Henrietta Mears. Bill Wilson y Bob Smith, los fundadores de Alcohólicos Anónimos, solían comenzar sus reuniones leyendo de sus páginas. George W. Bush recurrió a él buscando inspiración.[6] Ha vendido más de trece millones de ejemplares y ha sido traducido en más de treinta y cinco idiomas. Sin lugar a duda, la obra de Oswald Chambers ha trascendido sus anhelos más preciados. Sin embargo, fue la fe sincera de su esposa, Biddy, lo que marcó la diferencia.

Ella le entregó a Jesús lo que tenía y con eso Jesús alimentó, y alimenta, las multitudes.

Sigamos su ejemplo.

La próxima vez que te sientas abrumado, recuerda a Aquel que está parado a tu lado. No estás solo. No estás sin ayuda. Lo que te desconcierta a ti no lo desconcierta a él. Tu cuesta arriba es cuesta abajo para él. Tu problema no lo deja boquiabierto. Cuando le presentas tus necesidades, él nunca, jamás, se vuelve hacia los ángeles y dice: «Bueno, finalmente pasó. Me han entregado un código que no puedo descifrar. La petición es demasiado grande, hasta para mí».

Quizás sientas que te superan en número, pero él no. Entrégale lo que tienes, da gracias y mira cómo sale a trabajar. Tu lista de bendiciones será tan larga que tendrás que comprar un nuevo disco duro para tu computadora y puedas almacenarlas.

CAPÍTULO 6

Yo soy, y estoy contigo en la tormenta

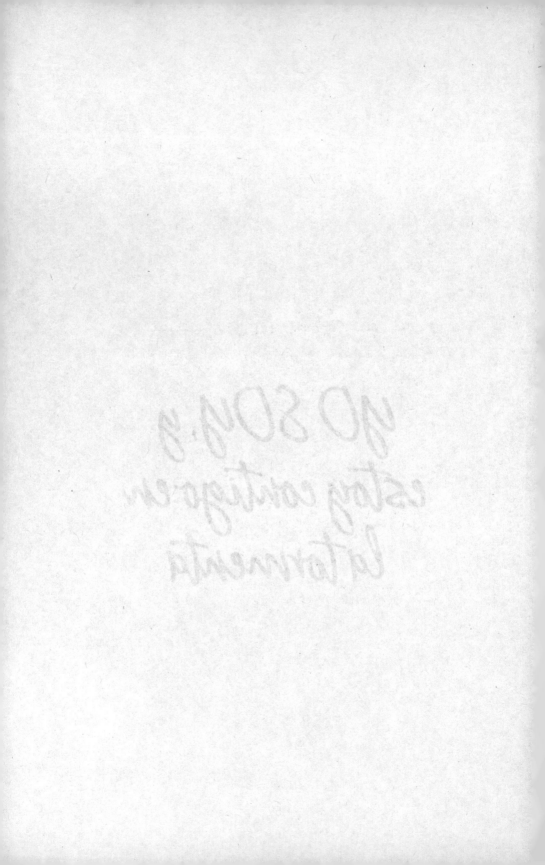

La época más tormentosa de mi vida ocurrió cuando tenía doce años. Tenía suficiente edad para jugar béisbol, fútbol americano y montar bicicleta. Tenía suficiente edad para que me gustara una niña, para ser dueño de una botella de colonia English Leather y saber la diferencia entre un verbo y un adverbio. Pero no tenía edad suficiente para procesar lo que me llegó aquel año: abuso sexual a manos de un hombre adulto.

Llegó a mi mundo disfrazado de mentor. Se hizo amigo de varias familias en nuestro pequeño pueblo. Lo recuerdo como un hombre ingenioso, fascinante y generoso. Lo que no sabía —lo que nadie sabía— era que le atraían los jovencitos.

Nos invitaba a comer hamburguesas a su casa. Nos llevaba a pasear en su camioneta. Nos llevaba a cazar y a dar caminatas, y nos ofrecía la respuesta para todas las preguntas sobre la vida, el amor y las chicas. También era dueño de revistas, del tipo que mi padre no me permitía mirar. Y él hacía, y nos obligaba a hacer, cosas que no voy a contar ni puedo olvidar.

Un fin de semana de *camping* fue especialmente perverso. Montó a cinco de nosotros en una casa rodante y nos llevó de *camping*. Entre sus tiendas de campaña y sacos de dormir había varias botellas de *whiskey*. Estuvo tomando todo el fin de semana y visitó la tienda de campaña de cada muchacho.

Nos pidió que no les dijéramos nada a nuestros padres e insinuó que éramos responsables por su conducta. Nos hizo jurar que guardaríamos el secreto y nos dijo que así evitaríamos meternos en problemas.

¡Qué sinvergüenza!

Llegué a casa el domingo por la tarde sintiéndome sucio y avergonzado. Me había perdido el servicio de Santa Cena en la iglesia aquella mañana. Si alguna vez había necesitado la Santa Cena, era aquel día. Así que preparé mi propia eucaristía. Esperé hasta que mamá y papá se acostaran y fui a la cocina. No encontré galletas en la nevera, pero encontré algunas papas que habían sobrado del almuerzo del domingo. No encontré jugo, así que usé leche. Puse las papas en un plato y la leche en un vaso, y conmemoré la crucifixión de Cristo y la redención de mi alma.

¿Puedes evocar la imagen de un muchacho pelirrojo, pecoso, acabado de bañar y en pijamas parado cerca del fregadero? Parte la papa, toma un sorbo de leche y recibe la misericordia del Salvador.

La ternura del momento compensó la carencia de liturgia en el sacramento. Jesús me encontró en aquel momento. Lo sentí: su amor, su presencia. No me preguntes cómo supe que estaba cerca. Simplemente lo sabía.[1]

Estoy seguro de esto: aunque la tormenta era fuerte, mi Señor estaba cerca. Aprendí una lección que nunca he olvidado: Jesús se acerca a nosotros en medio del torrencial.

Cada uno de nosotros enfrentará nuestra porción de tormentas. Nadie pasa por la vida ileso. En un punto o en otro, el cielo se nublará, los vientos rugirán y nos encontraremos en una versión moderna de la tempestad galilea.

> Cuando ya anochecía, sus discípulos bajaron al lago y subieron a una barca, y comenzaron a cruzar el lago en dirección a Capernaúm. Para entonces ya había oscurecido, y Jesús todavía no se les había unido. Por causa del fuerte viento que soplaba, el lago estaba picado. (Juan 6:16-18)

Los corazones de los seguidores comenzaron a hundirse, con la misma certeza de que se hundiría la barca. Su piel estaba empapada, sus gargantas estaban roncas y sus ojos asustados. Buscaban alguna señal en el cielo de que iba a aclarar. Se agarraron de la barca por miedo a las olas. Gritaban sus oraciones pidiendo ayuda. Pero no escuchaban nada.

Si tan solo Jesús estuviera con ellos en la barca. Si Jesús les hubiera dicho que se quedaran en la orilla. Pero él no estaba en la barca y les había dicho que cruzaran al otro lado del lago (Mateo 14:22). Por consiguiente, este momento tenía todos los elementos de una crisis.

Los discípulos estaban extenuados. ¡Era lógico! «Habrían remado unos cinco o seis kilómetros» (Juan 6:19). Con buena corriente, una barca puede recorrer aproximadamente un kilómetro y medio cada treinta minutos. ¿Pero contra las olas y el viento? Zarparon al atardecer, ¡y todavía estaban remando a las tres de la madrugada (Marcos 6:48)! Esta no era una travesía relajada por un río artificial. Era una de las que te rompen la espalda cuando la barca rebota, y tiras de los remos con terror y desesperación. En más de una ocasión se gritaron unos a otros:

«¡No voy a poder aguantar por mucho tiempo más!».

«¡No vamos a sobrevivir esto!».

Mira cómo Mateo describió la condición de la tormenta. Los discípulos «se encontraban en problemas lejos de tierra firme, ya que se había levantado un fuerte viento y luchaban contra grandes olas» (Mateo 14:24 NTV). Estaban demasiado lejos de la orilla, habían estado demasiado tiempo en la lucha y se veían demasiado pequeños contra las olas. Y Jesús no estaba por ningún lado. ¿Has enfrentado alguna vez una tormenta peligrosa, amenazante y aparentemente abandonada por Dios?

Demasiado lejos de la orilla. Demasiado lejos de una solución. *Demasiado tiempo en la lucha.* Demasiado tiempo en el sistema judicial. Demasiado tiempo en el hospital. Demasiado tiempo sin un buen amigo.

Demasiado pequeño contra las olas. Demasiado pequeño y demasiado solo.

La tormenta controlaba a los discípulos.

Las tormentas también pueden dominar nuestras vidas. De la misma manera que no tenemos autoridad sobre las borrascas de la naturaleza, tampoco la tenemos sobre las borrascas de la vida. Quizás desees salvar tu matrimonio, pero solo tienes uno de los dos votos requeridos. Puedes tratar de restaurar a un hijo rebelde, pero no puedes estar seguro de que lo lograrás. Las tormentas nos rebasan. Y a veces nos parece que nunca terminarán.

Pero entonces ocurre lo inimaginable. «Vieron que Jesús se acercaba a la barca, caminando sobre el agua, y se asustaron» (Juan 6:19).

La narración bíblica puede ir demasiado rápido para nuestro gusto. Queremos más descripción, más caracterización, más explicación. Esta es una de esas ocasiones. *Espera un momento, Juan. Antes que te apresures a la siguiente oración, describe este momento. La gente no camina sobre el agua. Caminan sobre las rocas, la tierra y la arena. ¿Pero sobre el agua? ¿Revolcó el viento el pelo de Jesús? ¿Le llegaba el agua hasta los tobillos? ¿Se le mojó el manto?* Juan no da detalles, simplemente esta parca declaración: «Vieron [a] Jesús [...] caminando sobre el agua».

Es todo lo que necesitamos saber. Antes que Jesús calme las tormentas, se acerca a nosotros en medio de nuestras tormentas.

Nos dice lo que les dijo a los discípulos: «No tengan miedo, que soy yo» (v. 20).

La traducción literal de las palabras de Jesús es «YO SOY; no tengan miedo». YO SOY es el nombre de Dios. Si Dios tuviera una tarjeta de presentación, estaría impresa así: YO SOY. Desde que Moisés vio la zarza ardiente que no se consumía, Dios se ha llamado a sí mismo «YO SOY» (Éxodo 3:14). Este es el título de estabilidad y poder. Cuando nos preguntamos si Dios va a llegar, él contesta con su nombre: «¡YO SOY!». Cuando nos preguntamos si es capaz, él declara: «YO SOY». Cuando lo único que vemos es oscuridad, cuando lo único que sentimos es duda, y nos preguntamos si Dios está cerca o al tanto, la respuesta agradable de Jesús es esta: «¡YO SOY!».

Pausa por un momento y deja que te diga su nombre. Tu necesidad más grande es su presencia. Sí, quieres que pase la tormenta. Sí, quieres que los vientos se calmen. Pero sí, sí, sí, quieres saber, necesitas saber y tienes que saber que el gran YO SOY está cerca.

La promesa de Isaías 43 es tuya para que la atesores:

«No temas, que yo te he redimido;
te he llamado por tu nombre; tú eres mío.
Cuando cruces las aguas,
yo estaré contigo;
cuando cruces los ríos,
no te cubrirán sus aguas [...]
Yo soy el Señor, tu Dios,
el Santo de Israel, tu Salvador [...]
No temas, porque yo estoy contigo».

(Isaías 43:1-3, 5)

Preferiríamos que nos libraran de la tormenta. Pero si la tormenta llega, que sea leve y nuestra liberación rápida. Que la carta de denegación lleve a una de aceptación a una mejor universidad. Que el despido llegue con un paquete de indemnización y un ofrecimiento de una mejor posición. Que el conflicto marital se convierta rápidamente en romance.

A veces ocurre así.

Pero cuando no pase, cuando estemos hundidos hasta el tórax en la turbulencia, Jesús quiere que conozcamos su nombre y lo escuchemos decir: «YO SOY, y estoy en camino».

Esa fue la experiencia de los discípulos. Tan pronto invitaron a Cristo a subirse a la barca llegó el momento en que arribaron a su destino. «Así que se dispusieron a recibirlo a bordo, y en seguida la barca llegó a la orilla adonde se dirigían» (Juan 6:21).

Sigue el ejemplo de los discípulos. Dale la bienvenida a Jesús en medio de este tiempo turbulento.

No permitas que la tormenta te mantenga boca abajo. Deja que te voltee hacia arriba.

El 21 de abril del 2008, Katherine Wolf sufrió un derrame cerebral masivo. No perdió la vida, pero sí perdió su capacidad para caminar, hablar claramente y su capacidad de cuidarse por sí misma. Pasó de ser una modelo en California a una paciente en silla de ruedas. La sometieron a once cirugías y luchaba diariamente para recuperar su fuerza. Más de una vez deseó tirar la toalla. Una de esas ocasiones fue el día antes de Acción de gracias, a siete meses de haber comenzado su terrible experiencia. He aquí como ella lo describe:

> La desesperación se apoderó de mí mientras observaba a Jay [su esposo] y a sus hermanas jugando con James [el bebé de ellos], lanzándolo en el aire, correteando con él en círculos, riéndose a carcajadas, mientras yo casi no podía mantener mi cabeza levantada porque mi cuello todavía no estaba lo suficientemente fuerte.
>
> Comencé a cuestionarme: *¿Cometió Dios un error?... De cocinar lasaña en nuestra pequeña cocina ahora me alimentaban a través de un tubo en mi estómago... De vestirme todos los días con ropa bonita ahora usaba pañales para adultos y batas de hospital... Debería estar en el cielo ahora mismo. Así, por lo menos, el dolor de todos terminaría con el tiempo.*

Su pérdida, difícilmente, podía haber sido más pronunciada. De un momento a otro, su mundo había quedado al revés. Sin embargo, cuando su corazón comenzaba a hundirse, Dios llegó:

> Entonces, de repente, antes que aquellos pensamientos siquiera hubieran aterrizado completamente en mi cabeza y en mi

corazón, sentí un profundo despertar de la Palabra de Dios, que había conocido desde que era una niñita. Casi podía escuchar esta rápida secuencia de las verdades de las Escrituras, como un envío de parte de Dios mismo.

Katherine, no eres un error. YO NO COMETO ERRORES. Entiendo todo mejor que tú. Tú no eres Dios, yo sí. Recuerda que fuiste admirable y maravillosamente creada en el vientre de tu madre...

En todo esto hay un propósito...

Confía en mí. TODO obrará para tu bien. No dudes de esta verdad solo porque ahora estás en la oscuridad. Lo que es cierto en la luz es cierto en la oscuridad.

Sé que no puedes pelear esto. Pero eso no importa. Todo lo que tienes que hacer es quedarte quieta y dejar que YO pelee por ti. Terminaré la buena obra que comencé cuando te di una vida nueva. Seguiré trabajando hasta completarla. Créelo. Mi naturaleza es redimir, restaurar y fortalecer. Esta terrible temporada llegará a su fin. Vas a sufrir un poco más y luego te sacaré de esta.

... Te escogí. Vive una vida digna de este llamado especial que has recibido.

Aquellas verdades me impactaron profundamente y ocurrió algo sobrenatural. Dios me encontró en medio del desorden de mi vida, y sentí una nueva determinación de seguir adelante y perseverar. De pronto, me sentí extraordinariamente bien, a pesar de mi terrible dolor. Aquel momento cambió todo. Fue mi epifanía de esperanza. En lo más profundo de mí entendí que mi «vestido terrenal» era solo temporal. No perdería la esperanza en esta situación porque lo que se estaba desgastando no era mi alma. Mi cuerpo no funcionaba. Eso era todo.[2]

No trates de enfrentar solo esta tormenta. Sigue remando y sacando el agua del bote, pero sobre todo, invita a Cristo para que suba en tu barca náufraga. Cree que nunca estás solo, que nuestro Dios hacedor de milagros te ve, se preocupa por ti y vendrá en tu ayuda. Hasta donde sabemos, él puede hacer una liberación inmediata. Es posible que llegues a tu destino antes que tengas la oportunidad para limpiarte la lluvia de tu cara.

Él todavía es el gran YO SOY. Cuando nos encontremos en medio de las aguas galileas, sin ninguna orilla a la vista, él vendrá hasta nosotros.

La próxima vez que ores, *¿Viene alguien a ayudarme?* escucha la respuesta de Jesús: *YO SOY, y estoy contigo en la tormenta.*

CAPÍTULO 7

Él da vista a los ciegos

Pensaba que mi vista era normal. Suponía que mis compañeros del quinto grado veían lo mismo que yo cuando miraban al pizarrón: un montón de líneas borrosas. No les preguntaba si podían ver la pelota de béisbol cuando salía de la mano del lanzador o la pelota de fútbol cuando la pateaba el pateador. Daba por sentado que veían la pelota cuando yo la veía: en el último minuto, cuando apenas tenía el tiempo suficiente para mover el bate o atraparla.

Mi visión era deficiente. Pero no lo sabía. No conocía otra cosa.

Entonces mi maestra llamó a mi mamá. Mi mamá llamó al optometrista. El optometrista me pidió que leyera algunas letras en un afiche. Y lo próximo que recuerdo es que me entregaron mi primer par de espejuelos. ¡Y vaya que aquello cambió las reglas del juego! De un momento a otro, las líneas borrosas se volvieron claras. La pelota de béisbol se volvió grande. Podía atrapar la pelota de fútbol.

Todavía recuerdo la alegría de la visión repentina. Me sentaba en el salón de la señora Collins, en quinto grado, y subía y bajaba mis espejuelos, y veía todo de borroso a veinte-veinte, de imágenes distorsionadas a rostros vívidos. De repente, podía ver.

Los cristianos hablamos así. Nosotros también reflexionamos en la alegría de la visión repentina. Nos gusta cantar el viejo himno: «Sublime gracia del Señor, que a mí, pecador salvó. Fui ciego mas hoy veo yo, perdido y Él me halló».[1] Ciego. Ciego al propósito de la vida. Ciego a la promesa de vida eterna. Ciego al proveedor de la vida. Pero ahora nos han devuelto la vista. Nos identificamos con las palabras del mendigo ciego: «Lo único que sé es que yo era ciego y ahora veo» (Juan 9:25).

Su historia es nuestra historia. Quizás por eso Juan no se apresuró para contarla. Hasta este momento se había inclinado hacia la brevedad. Solo necesitó doce versículos para describir cómo el agua se convirtió en vino. La sanidad junto al estanque de Betesda requirió quince versículos. Se necesitaron catorce versículos para alimentar a la multitud, y con solo seis el Salvador caminó sobre las aguas. Sin embargo, cuando Juan colocó su pluma sobre el papiro para describir la historia del ciego que recibió la vista, el apóstol se tomó su tiempo. Dedicó la enorme cantidad de cuarenta y un versículos para describir cómo Jesús lo encontró, lo sanó y lo maduró.

¿Por qué? Entre las explicaciones tenemos esta. Lo que hizo físicamente por el mendigo ciego, Jesús quiere hacerlo espiritualmente por todo el mundo: devolvernos la vista.

Desde la perspectiva del cielo, nuestra tierra está poblada por gente ciega. Ciega por la ambición. Ciega por el orgullo. Ciega por el éxito. «Aunque miran, no ven» (Mateo 13:13). No ven el significado de la vida ni el amor de Dios. ¿De qué otra manera explicamos la confusión y el caos en el mundo? ¿De qué otra manera explicamos la amenaza constante de una guerra mundial, las plagas de hambruna y el holocausto de los bebés no nacidos? ¿De qué otra manera explicamos el incremento en la tasa de suicidios[2] y la adicción a los opioides?[3] Tenemos aviones más rápidos, teléfonos más inteligentes e inteligencia artificial; sin embargo, nos estamos matando unos a otros con armas de fuego y a nosotros mismos con drogas.

Miles de millones de personas simplemente no pueden ver. «Satanás, quien es el dios de este mundo, ha cegado la mente de los que no creen. Son incapaces de ver la gloriosa luz de la Buena Noticia. No entienden este mensaje acerca de la gloria de Cristo, quien es la imagen exacta de Dios» (2 Corintios 4:4 NTV). Necesitamos un oftalmólogo espiritual. Necesitamos que Jesús haga por nosotros lo que hizo por el hombre a la orilla del camino de Jerusalén.

«A su paso, Jesús vio a un hombre que era ciego de nacimiento» (Juan 9:1). Nadie más lo vio. Es posible que los seguidores de Jesús hayan mirado al ciego. Quizás lo tuvieron en su campo visual. Pero no lo *vieron*.

Los discípulos solo miraron a un caso de estudio teológico. «Rabí, para que este hombre haya nacido ciego, ¿quién pecó, él o sus padres?» (v. 2). El ciego, para ellos, ofrecía una oportunidad para hablar sobre filosofía espiritual. No vieron a un ser humano. Vieron un tema de discusión.

En cambio, Jesús vio a un hombre que era ciego de nacimiento, un hombre que nunca había visto un atardecer, que no podía distinguir el morado del rosado. Vivía en un mundo oscuro. Otros hombres de su edad habían aprendido algún oficio; él se sentaba a la orilla del camino. Otros tenían un ingreso; él pedía limosna. Otros tenían una razón de esperanza; él tenía una razón para desesperarse.

Entonces Jesús lo *vio*.

Y Jesús te ve. La primera lección de este suceso es una que debemos recibir de buena manera. Ni tú ni yo somos invisibles. No nos pasan por alto. No somos ignorados. Quizás nos sintamos como un mendigo anónimo entre las muchedumbres de la sociedad, pero esta historia —y docenas de otras parecidas— nos asegura que Jesús nos divisa a la orilla del camino. Él toma la iniciativa. Él da el primer paso.

> «"Ni él pecó, ni sus padres", respondió Jesús, "sino que esto sucedió para que la obra de Dios se hiciera evidente en su vida. Mientras sea de día, tenemos que llevar a cabo la obra del que me envió. Viene la noche cuando nadie puede trabajar. Mientras esté yo en el mundo, luz soy del mundo". Dicho esto, escupió en el suelo, hizo barro con la saliva y se lo untó en los ojos al ciego» (Juan 9:3-6).

Ahora bien, aquí hay algo que no esperamos leer en la Biblia: Jesús escupiendo. Una oración parecería apropiada. Quizás un «¡aleluya!». Pero ¿quién esperaba escuchar el sonido gutural al aclarar su garganta? ¿Un escupitajo celestial en el suelo? El Dios que envió maná y fuego expulsó saliva de su boca. Y con la misma calma que un pintor rellena un hueco en la pared con masilla, Jesús untó barro milagroso en los ojos del hombre.

Por supuesto, si tuviéramos la opción, preferiríamos que Dios nos devolviera la vista con algo más placentero que barro en nuestros ojos. Tal vez una bandada de palomas recién soltada o un arcoíris perfectamente arqueado. Y sin duda, Dios concede esas bendiciones. En otros momentos, usa algo menos agradable.

Comienza el milagro a través de «momentos embarrados»: despidos, decepciones y episodios de soledad.

Puedo dar fe de este desagradable proceso de restauración de la vista. Denalyn y yo nos mudamos a Brasil en el 1983. Ella tenía veintiocho años. Yo tenía treinta. Éramos novatos en el ministerio y nuestro fervor ministerial estaba por las nubes. Fuimos llamados a plantar una iglesia, una gran iglesia. Visualizábamos miles de almas convertidas y décadas de servicio. Éramos ingenuos. La añoranza por nuestro hogar se asentó sobre nosotros como una nube. Me costó trabajo aprender el idioma. Las bañistas escasamente cubiertas en la playa de Copacabana le dieron un nuevo significado a la frase «choque cultural». Los brasileños eran agradables, pero estaban menos que interesados en el ministerio de gringos principiantes cuyo uso de los verbos en el tiempo pasado perfecto estaba lejos de ser perfecto.

Semanas. Meses. Un año. Dos años. Nuestra iglesia no creció nada y luego creció un poco.

Nuestro equipo de misioneros peleaba y debatía con estrategias y dirección. ¿Compramos un edificio? ¿Comenzamos un programa radial? ¿Predicamos en las calles? Finalmente, un descubrimiento significativo. Un colega sintió la convicción en su espíritu de que no estábamos predicando el evangelio. (¿Cómo era posible?). Nos instó a reunirnos, como misioneros —con Biblias abiertas y corazones abiertos— para identificar el núcleo del evangelio. Y eso hicimos. Durante varios lunes consecutivos nos reunimos en la tarde para leer y releer las Escrituras. No puedo hablar por todo el equipo, pero yo comencé a ver claramente. ¿La gran noticia de la Biblia? ¿El mensaje que merecía estar en la valla publicitaria? Que Jesús murió por mis pecados y que resucitó de entre los muertos. Nada más. Nada menos.

Fue como si hubieran ajustado el lente del telescopio y ahora podía ver. Vívidamente. Claramente. Las escamas se habían caído de mis ojos.

Comenzamos a enfocarnos en el mensaje del evangelio y nuestra pequeña iglesia empezó a crecer. Y aún más importante, nosotros comenzamos a crecer. Crecimos en gracia, amor y esperanza. Durante esa temporada, escribí un libro titulado *Con razón lo llaman el Salvador*. Hasta el día de hoy, aproximadamente tres décadas después, está entre uno de mis escritos mejor recibidos. Y no es más que las «revelaciones» que Jesús me estaba dando día a día.

Todo comenzó con largos periodos de miedo, frustración y fracaso. Barro en mi ojo.

¿Te identificas con esto? Si es así, no asumas que Jesús está ausente o ajeno a tu lucha. Justo lo contrario. La está usando para revelarse a ti. ¡Él quiere que lo veas! Ese fue el caso del ciego.

Jesús le dijo al ciego: «Ve y lávate en el estanque de Siloé (que significa: Enviado)» (Juan 9:7). El agua de Siloé era «enviada» de un manantial subterráneo. Juan está diciendo sutilmente algo importante. Hasta aquí, en su evangelio, Juan se ha referido no menos de veinte veces a Jesús como el enviado del Padre.[4] Para ver, vamos a nuestro Siloé, el «Enviado» del cielo, Jesús mismo.

Para llegar a Siloé había que descender por una serie de tres escaleras, con cinco escalones de piedra labrada cada una.[5] Esto no era un paseo casual para nadie, mucho menos para un ciego. Pero él lo hizo. Bajó a tientas hasta el agua. Se inclinó a la orilla del estanque y comenzó a echarse agua en la cara y a lavarse los ojos. Y mientras lo hacía, vio el agua ondular y el sol resplandecer en la superficie del estanque. Vio sus dedos abrirse y cerrarse. Volvió a echarse agua en la cara, y pudo definir la forma de las personas que estaban paradas a cada lado. De un momento al otro, pudo ver.

A menudo se hace la pregunta: «¿Qué necesita saber una persona para llegar a ser un seguidor de Cristo?». Esta historia provee una respuesta. El hombre no sabía nada sobre el nacimiento virginal ni de las Bienaventuranzas. ¿Sabía cuál era el precio del discipulado o el significado del Espíritu Santo? No. Solo sabía esto: un hombre llamado Jesús hizo barro, lo puso en sus ojos y le dijo que se lavara. Recibió la vista no porque la mereciera, porque se la hubiera ganado o la hubiera encontrado. Recibió la vista porque confió y obedeció a Aquel que fue enviado «para abrir los ojos de los ciegos» (Isaías 42:7).

Nada ha cambiado. Jesús todavía encuentra a los ciegos y les devuelve la vista.

Él prometió que a través de su ministerio «[dará] vista a los ciegos» (Lucas 4:18).

El apóstol Pablo fue enviado a los gentiles «para que les abras los ojos y se conviertan de las tinieblas a la luz, y del poder de Satanás a Dios» (Hechos 26:18).

Cristo vino para dar luz y vista.

Piensa en lo que Jesús está haciendo en el mundo musulmán. «Más musulmanes se han convertido al cristianismo en las últimas dos décadas que en los mil cuatrocientos años anteriores desde Mahoma»,[6] y «aproximadamente uno de cada tres creyentes de origen musulmán ha tenido un sueño o una visión antes de su experiencia de salvación».[7]

Para su libro *El caso de los milagros*, el autor Lee Strobel entrevistó a Tom Doyle, un experto destacado en las visiones y los sueños contemporáneos de los musulmanes. Doyle describió un fenómeno donde una persona tras otra veía la misma imagen: a Jesús vestido con un manto blanco, diciéndoles que los ama, que murió por ellos y suplicándoles que lo sigan. Esto ha estado ocurriendo en Siria, Irán e Irak. Ha ocurrido tantas veces en Egipto que un grupo cristiano de evangelización publicó un anuncio en el periódico. El anuncio decía: «¿Has visto al hombre con el manto blanco en tus sueños? Él tiene un mensaje para ti. Llama a este número».[8]

Doyle explica que cincuenta por ciento de los musulmanes alrededor del mundo no sabe leer, así que Jesús los alcanza a través de sueños y visiones. El ochenta y seis por ciento no conoce a ningún cristiano, así que Jesús va a ellos directamente.[9]

Jesús está en una persecución implacable de los ciegos espirituales. Ellos viven en todos los caminos de cada esquina del mundo. Él los encuentra. Y los toca. Puede que use una visión, o la bondad de un amigo, o el mensaje de un sermón, o el esplendor de la creación. Pero puedes estar seguro de esto: él vino para traer la vista a los ciegos.

Esta tarea está reservada para Jesús. En el Antiguo Testamento no hay ninguna historia de ciegos que hayan sido sanados. En el Nuevo Testamento hay muchas, y con solo una excepción, Jesús llevó a cabo todas las restauraciones de la vista. Es como si Jesús reservara para sí mismo el milagro de devolver la vista.[10]

Si conoces el resto de la historia del exciego, sabes que encontró oposición por todos lados. Sus vecinos no le creyeron. Los líderes religiosos lo excomulgaron y sus padres se negaron a defenderlo (Juan 9:8-9, 20-21, 34).

El pobre tipo pasó de no ver nada a solo ver oposición. Pero resulta que no era la única persona ciega en Jerusalén. Los líderes religiosos le pidieron una explicación.

Volvieron a preguntarle:

—¿Qué hizo? ¿Cómo fue que te sanó? Él les contestó:

—Ya les dije lo que hizo, pero ustedes no me hacen caso. ¿Para qué quieren que les repita lo mismo? ¿Acaso también ustedes quieren ser sus seguidores?

Los jefes judíos lo insultaron y le dijeron:

—Seguidor de ese hombre lo serás tú. Nosotros somos seguidores de Moisés. Y sabemos que Dios le habló a Moisés; pero de ese Jesús no sabemos nada. (Juan 9:26-29 TLA)

Los líderes estaban tan abiertos como la bóveda cerrada en un banco. Había ocurrido un milagro auténtico, ¿pero ellos querían conocer al que lo había hecho? ¿No debería el milagro haber provocado algo de asombro? ¿Una razón para hacer una pausa? No vieron nada, excepto a sí mismos y su religión. ¿Quiénes eran los ciegos en esta historia?

Charles Spurgeon dijo: «No es nuestra pequeñez la que estorba a Cristo; sino nuestra grandeza. No es nuestra debilidad la que estorba a Cristo; es nuestra fuerza. No es nuestra oscuridad la que estorba a Cristo; es nuestra supuesta luz la que detiene su mano».[11]

Y como los líderes se negaron a ver, «lo expulsaron» (Juan 9:34). Ahora, el que había sido ciego, había sido expulsado del templo y no tenía a nadie que lo defendiera. «Cuando Jesús supo lo que había pasado, encontró al hombre» (v. 35 NTV).

Cristo no iba a dejarlo desprotegido. Puedes esperar que haga lo mismo por ti. Si crees en él, esta es su promesa para ti: «Nadie [te] arrebatará de mi mano» (Juan 10:28 RVR1960).

Otros quizás renieguen de ti. Es posible que tu familia te rechace. El sistema religioso tal vez te descarte. ¿Pero Jesús? Él te encontrará. Él te guiará.

> Al encontrarlo [Jesús] le preguntó:
>
> —¿Crees en el Hijo del hombre?
>
> —¿Quién es, Señor? Dímelo, para que crea en él.
>
> —Pues ya lo has visto —le contestó Jesús—; es el que está hablando contigo.
>
> —Creo, Señor —declaró el hombre.
>
> Y, postrándose, lo adoró. (Juan 9:35-38)

La historia comienza con un ciego al que Cristo vio. Termina con un exciego alabando a Cristo. ¿Acaso no es esto lo que Jesús desea para todos nosotros?

Separados de Cristo, somos ciegos. No podemos ver nuestro propósito. No podemos ver el futuro. No podemos ver la solución para nuestros problemas y nuestro dolor. No podemos ver a Jesús. Pero él nos ve, de pies a cabeza. Él sabe todo sobre nosotros.

Cuando estaba en quinto grado, el optometrista me hizo una prueba de visión. Si Dios probara tu visión espiritual, ¿la pasarías? ¿Puedes ver el significado de la vida? ¿Has tenido una visión de la eternidad? Sobre todo, ¿puedes ver el gran amor de Dios por ti? La mano que sientes en tu rostro es él. La voz que escuchas es él.

Su voluntad no es que vayamos a tientas y a ciegas por la vida. Él quiere que sepamos por qué estamos en la tierra y hacia dónde vamos. Nuestra visión es importante para Jesús. Él hará lo que sea necesario para ayudarnos a ver cómo ver.

CAPÍTULO 8

La voz que vacía tumbas

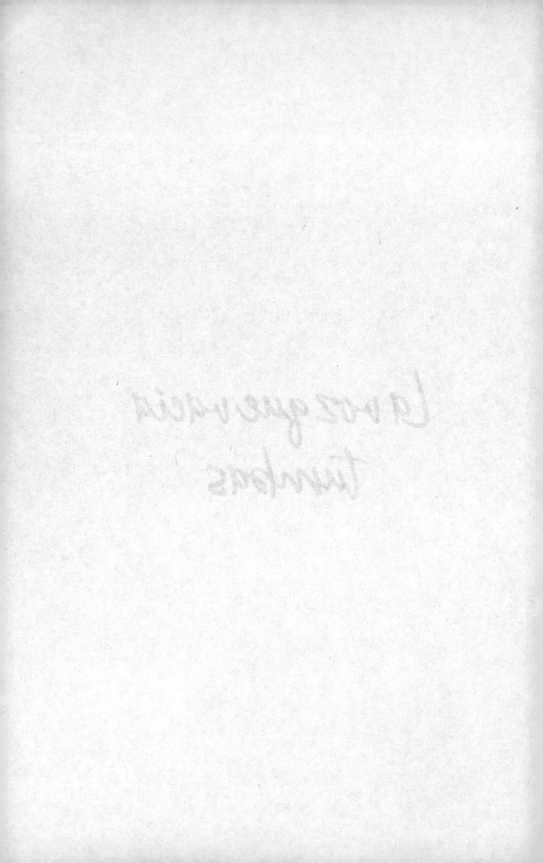

Un fin de semana, pasé un año en un cementerio. Llegué un viernes y me fui un domingo, y los tres días entre mi llegada y mi partida me parecieron doce meses.

La visita al campo santo fue idea de mi hermano mayor. Él tenía diecinueve años y era estudiante de primer año en la universidad. Yo tenía dieciséis años y estaba en mi tercer año de secundaria. Él había cambiado el pueblito donde crecimos por la próspera metrópolis de Lubbock, Texas; el hogar de cien mil residentes, Texas Tech University, Lubbock Christian College, y la Funeraria y Cementerio Resthaven.

El director de la funeraria había adoptado la costumbre de contratar a estudiantes universitarios como cuidadores fuera de las horas laborales. Era una buena chamba para mi hermano. A cambio de varias rondas nocturnas, a Dee le pagaban el salario mínimo, le daban una linterna, un apartamento pequeño junto al cuarto de los ataúdes y un lugar diferente para llevar a su novia.

Resultó que ella no quería poner ni un pie en la propiedad. Así que me llamó. (¿Qué tan aburrido tienes que estar para invitar a tu hermano menor a pasar un fin de semana contigo?).

Sonaba divertido, hasta que llegué. Entonces vi los coches fúnebres negros estacionados afuera. Las lápidas sin tallar en el patio y los ataúdes para la venta en el cuarto de ataúdes. Vi el clóset donde los sepultureros guardaban su equipo de trabajo y el letrero en la puerta que decía *Embalsamamiento*. Dee pensaba que el lugar era divertido. Yo pensaba que era espeluznante. Llegué el viernes a las cinco y estaba listo para irme a las cinco y quince.

Has notado, estoy seguro, que las funerarias no son realmente casas. Aunque la grama esté bien cuidada, aunque las instalaciones sean bonitas, ¿quién se queda merodeando, pierde el tiempo o vive en un cementerio? El letrero puede leer *Descanso perpetuo* o *Paz en el valle*, pero buscamos descanso y paz en otro lugar. Vamos a un cementerio para presentar nuestros respetos y despedirnos de alguien. Pero ¿para un pícnic, jugar pelota o tirar un frisbi? Para nada. Nos vamos lo más rápido posible.

Cada lápida nos recuerda: la vida es solo un guion entre dos fechas. Cada funeral nos recuenta: nuestro tiempo se acerca. La tumba es ciertamente un pensamiento serio. Hacemos todo lo posible para retrasar nuestra cita con ella. Hacemos más ejercicios, comemos un poco más saludable, compramos cremas para las arrugas o vitaminas para el cuerpo. Pero al final hay un final... para esta vida.

Caramba, Max, ¡gracias por recordármelo! Tus palabras son justo lo que necesitaba para darme un empuje.

Tienes razón. No hablamos de cementerios para alegrarnos el día. Típicamente, los cementerios no se conocen por su inspiración. Pero hubo una excepción en un cementerio cerca de Betania. Y esa excepción es excepcional.

> Un hombre llamado Lázaro estaba enfermo. Vivía en Betania con sus hermanas María y Marta. María era la misma mujer que tiempo después derramó el perfume costoso sobre los pies del Señor y los secó con su cabello. Su hermano, Lázaro, estaba enfermo. Así que las dos hermanas le enviaron un mensaje a Jesús que decía: «Señor, tu querido amigo está muy enfermo». (Juan 1:1-3 NTV)

Juan sopesó con la realidad las palabras iniciales del capítulo: «Un hombre llamado Lázaro estaba enfermo». Tu diario tal vez revele una declaración comparable: «Una mujer llamada Lucía estaba cansada». «Un padre llamado Tomás estaba confundido». «Una jovencita llamada Sofía estaba triste».

Lázaro era una persona real con un problema real. Estaba enfermo, le dolía el cuerpo, tenía fiebre alta, tenía el estómago revuelto. Pero poseía algo en su favor. O, mejor dicho, tenía a *Alguien* en su favor. Tenía a un amigo llamado Jesús; el Jesús del agua al vino, del mar tempestuoso a las aguas tranquilas, de la cesta de pícnic al bufet. Otros eran fanáticos de Jesús. Lázaro era su amigo.

Así que las hermanas de Lázaro le enviaron un mensaje no muy sutil a Jesús: «Señor, tu querido amigo está muy enfermo».

Ellas apelaron al amor de Jesús y le presentaron su problema. No le dijeron cómo responder. Ninguna presunción. Nada de extralimitarse ni restarle importancia. Ellas simplemente envolvieron su preocupación en una oración y la dejaron con Jesús. ¿Tal vez una lección para nosotros?

Cristo respondió a la crisis de salud con una promesa de ayuda. «Cuando Jesús oyó la noticia, dijo: "La enfermedad de Lázaro no acabará en muerte. Al contrario, sucedió para la gloria de Dios, a fin de que el Hijo de Dios reciba gloria como resultado"» (Juan 11:4 NTV).

Habría sido fácil malinterpretar esta promesa. Se podría perdonar si alguien hubiera escuchado: «Lázaro se recuperará y no enfrentará la muerte». Pero Jesús hizo una promesa diferente: «Esta enfermedad no acabará en muerte». Lázaro, descubrimos, llegará al valle de la muerte, pero no permanecerá allí.

Con seguridad, el mensajero regresó a prisa a Betania y le pidió a la familia que no se desanimara y tuviera esperanza.

Sin embargo, Jesús «se quedó donde estaba dos días más» (v. 6 NTV).

La crisis de salud se agravó con la crisis de la demora. ¿Cuántas veces Lázaro les preguntó a sus hermanas: «Ya llegó Jesús»? ¿Cuántas veces le limpiaron la frente febril y luego se asomaron para ver si Jesús ya había llegado? ¿Acaso no se aseguraban mutuamente: «Jesús llegará en cualquier momento»?

Pero los días llegaron y pasaron. Jesús no aparecía por ningún lado. Lázaro comenzó a debilitarse. Jesús no llegaba. Lázaro murió. Jesús todavía sin llegar.

«Cuando Jesús llegó a Betania, le dijeron que Lázaro ya llevaba cuatro días en la tumba» (v. 17 NTV). «La fe rabínica israelita enseñaba que durante tres días el alma se quedaba merodeando el cuerpo, pero al cuarto día se iba permanentemente».[1] Jesús había llegado un día tarde, o por lo menos eso parecía.

Las hermanas pensaban que era así. «Cuando Marta se enteró de que Jesús estaba por llegar, salió a su encuentro, pero María se quedó en la casa. Marta le dijo a Jesús: "Señor, si tan solo hubieras estado aquí, mi hermano no habría muerto"» (vv. 20-21 NTV).

Sentía que Jesús las había defraudado. «Si tan solo hubieras estado aquí». Cristo no había cumplido sus expectativas. Para cuando Jesús llegó, Lázaro había estado muerto la mayor parte de la semana. En nuestros días, su cuerpo ya habría sido embalsamado o cremado, el obituario publicado, la tumba comprada y el servicio funeral al menos planificado, o ya celebrado.

Sé que es así porque he planeado muchos servicios funerales. Y en más de los que puedo contar, he hablado de la historia de Lázaro. Me he atrevido a pararme cerca del ataúd, mirar a los ojos a las Martas, las Marías, los Mateos y los Carlos de nuestros días, y decirles: «Tal vez, como Marta, te sientes decepcionado. Le contaste a Jesús sobre la enfermedad. Esperaste al lado de la cama del hospital. Guardaste vigilia en el sanatorio. Le dijiste que tu ser amado estaba enfermo, que estaba empeorando, que estaba muriéndose. Y ahora la muerte llegó. Y algunos de ustedes se encuentran, como María, demasiado afligidos para hablar. Otros, como Marta, demasiado desconcertados para quedarse callados. ¿Estarías dispuesto a imitar la fe de Marta?».

Lee otra vez sus palabras: «Señor, *si tan solo* hubieras estado aquí, mi hermano no habría muerto; pero *aun ahora, yo sé* que Dios te dará todo lo que pidas» (vv. 21-22 NTV). ¿Cuánto tiempo crees que pasó entre el «si tan solo» del versículo 21 y el «aun ahora yo sé» del versículo 22? ¿Qué causó el cambio en su tono? ¿Vio ella algo en la expresión de Cristo? ¿Recordó una promesa del pasado? ¿Acaso Jesús limpió una lágrima de su rostro? ¿La seguridad de él calmó el temor de ella? Algo movió a Marta de la queja a la confesión.

Jesús respondió con una promesa que desafiaba a la muerte: «Jesús le dijo: "Tu hermano resucitará". "Es cierto", respondió

Marta, "resucitará cuando resuciten todos, en el día final". Jesús le dijo: "Yo soy la resurrección y la vida. El que cree en mí vivirá aun después de haber muerto [...] ¿Lo crees, Marta?"» (vv. 23-26 NTV).

El momento está repleto de drama.

Fíjate a quién Jesús le hizo esta pregunta: a una hermana afligida, con el corazón roto.

Fíjate dónde Jesús estaba parado cuando hizo esta pregunta: en las inmediaciones, quizás en el medio, del cementerio.

Fíjate cuándo Jesús hizo esta pregunta: cuatro días tarde. Lázaro, su amigo, llevaba cuatro días muerto, cuatro días desde su partida, cuatro días enterrado.

Marta había tenido tiempo más que suficiente para darse por vencida con Jesús. Sin embargo, ahora este Jesús tiene la audacia de hacer valer su rango sobre la muerte y le pregunta: «¿Crees esto, Marta? ¿Crees que soy el Señor de todo, incluso del cementerio?».

Quizás ella respondió con una entonación en su voz, con la convicción de un ángel triunfante, con los puños en el aire y un rostro radiante de esperanza. Si quieres, ponle una docena de signos de exclamación a su respuesta, pero no lo veo así. Escucho una pausa, la oigo tragando. Escucho un tímido: «Sí, Señor [...] Siempre he creído que tú eres el Mesías, el Hijo de Dios, el que ha venido de Dios al mundo» (v. 27 NTV).

Marta no estaba lista para decir que Jesús podía resucitar a los muertos. Pero aun así, le hizo un triple homenaje: «el Mesías», «el Hijo de Dios», «el que ha venido al mundo». Pronunció una confesión del tipo semilla de mostaza. Y eso fue suficiente para Jesús.

Marta buscó a su hermana. María vio a Cristo y lloró. Y «cuando Jesús la vio llorando y vio a la gente lamentándose con ella, se enojó en su interior y se conmovió profundamente.

"¿Dónde lo pusieron?", les preguntó. Ellos le dijeron: "Señor, ven a verlo". Entonces Jesús lloró» (vv. 33-35 NTV).

¿Qué provocó que Jesús llorara? ¿Lloró por la muerte de su amigo? ¿O por el impacto que la muerte había tenido en sus amigas? ¿Lloró de tristeza? ¿De coraje? ¿Lloró por la tumba o porque el control que la tumba tenía le rompió el corazón?

Tuvo que haber sido lo último porque un Jesús decidido y animado tomó las riendas del asunto. Jesús les pidió que quitaran la piedra. Marta dudó. ¿Quién no lo haría? Él insistió. Ella lo hizo. Entonces vino la orden; sin duda, la única orden jamás dada a un cadáver. Como era su costumbre dar gracias a Dios por las situaciones imposibles, Jesús elevó una oración de gratitud, y «gritó: "¡Lázaro, sal de ahí!". Y el muerto salió de la tumba con las manos y los pies envueltos con vendas de entierro y la cabeza enrollada en un lienzo. Jesús les dijo: "Quítenle las vendas y déjenlo ir"» (vv. 43-44 NTV).

Ah, ¡cuánto me gustaría que estuvieras leyendo ese párrafo por primera vez! Tus ojos se agrandarían como platos. Bajarías este libro y mirarías al cielo. «¿De verdad que lo hiciste? ¿Realmente gritaste en un cementerio para que un muerto saliera de su tumba?».

¡Sí lo hizo! Jesús emitió una orden, no una invitación; un imperativo, no una idea; una convocatoria, no una sugerencia. Jesús...

- «clamó a gran voz» (RVR1960)
- «gritó con todas sus fuerzas».[2]
- «gritó» (DHH)

La Resurrección y la Vida le dio una orden a la cueva de la muerte. En algún lugar del cielo un ángel escuchó la voz familiar del Pastor y sonrió. En algún lugar del infierno el ángel caído dijo entre dientes: «¡Oh, no!».

«¡Lázaro, sal!». El sonido de la voz de Dios hizo eco en las paredes de la gruta hasta que las palabras llegaron a la esquina del paraíso, donde un Lázaro saludable y feliz estaba sentado en una cafetería tomándose un café con leche con Moisés, que le estaba contando todos los detalles sobre el éxodo.

«¡Lázaro!».

Escuchó su nombre y miró a Moisés. El patriarca se encogió de hombros: «Tienes que irte, amigo».

Lázaro no quería regresar a la tierra. ¡Ah, de eso estoy seguro! Pero cuando Jesús ordena, sus discípulos obedecen. De eso Lázaro estaba seguro. Así que su espíritu descendió del paraíso, atravesó el cielo y llegó al Cementerio Remanso de paz en Betania. Reentró y reanimó su cuerpo. Se paró y se movió con pesadez hasta la entrada de la tumba.

«"Quítenle las vendas y dejen que se vaya", les dijo Jesús» (v. 44).

«No pasen por alto el mensaje de este milagro», me gusta decir en los funerales, aunque tengo cuidado de no emocionarme mucho porque, después de todo, es un servicio funeral. Sin embargo, me permito un poco de emoción. «Nunca estás solo. Jesús nos encuentra en los cementerios de la vida. Ya sea que estemos allí para decir adiós o para que nos entierren, podemos contar con la presencia de Dios».

Él es «Señor tanto de los que han muerto como de los que aún viven» (Romanos 14:9). Hay un bis en agenda. Lázaro fue solo un ejercicio de calentamiento. Un día, Jesús gritará y comenzará la marcha de los santos.

Los cementerios, las profundidades del mar, los campos de batalla, los edificios quemados y cualquier otro lugar de descanso final de los difuntos devolverán a los muertos en la condición que se encuentren. Serán recompuestos, resucitados y presentados otra vez ante la presencia de Cristo.

La salvación de los santos no es meramente la redención de almas, sino también la reunión de las almas y los cuerpos.

> Sabemos que toda la creación todavía gime a una, como si tuviera dolores de parto. Y no solo ella, sino también nosotros mismos, que tenemos las primicias del Espíritu, gemimos interiormente, mientras aguardamos nuestra adopción como hijos, es decir, la *redención de nuestro cuerpo*. (Romanos 8:22-23)

Esperamos, no una redención *a causa de* nuestros cuerpos, sino la redención *de* nuestros cuerpos. La totalidad de nuestra humanidad será recuperada. Somos «una creación admirable» (Salmos 139:14), pero también somos frágiles y temporales «como la flor del campo» (Isaías 40:6). Nuestra fragilidad es efímera. Como coherederos con Cristo, disfrutaremos de una liberación idéntica a la de él. «En efecto, si hemos estado unidos con él en su muerte, sin duda también estaremos unidos con él en su resurrección» (Romanos 6:5).

¿Crees esto? Jesús te hace la misma pregunta que le hizo a Marta.

La muerte es la gran niveladora. ¿Qué tienen en común el multimillonario y el campesino? Ambos morirán. Todos moriremos. Todos enfrentaremos la muerte de la misma manera. Permite que la historia del Lázaro resucitado te recuerde: la autoridad de Jesús se extiende aun más allá del cementerio.

¿*Tú* crees esto? No tu iglesia, tu familia, tus padres, ni la sociedad, sino tú. La pregunta es personal. Y, sobre todo, es precisa.

¿Crees *esto*? ¿Esta declaración que Cristo hace sobre su deidad y sobre tu destino? Jesús es el Señor sobre el cementerio. Su voz puede vaciar una tumba. Y estás destinado a un momento como el de Lázaro. ¿Crees *esto*?

George H. W. Bush lo creyó. Muy pocas personas han vivido una vida más dinámica que la del presidente número cuarenta y uno de Estados Unidos. Piloto de combate. Congresista. Embajador. Director de la CIA. Vicepresidente por ocho años. Presidente por cuatro. Tuvo acceso al poder y a la influencia como pocas personas en la historia. Sin embargo, nada de eso importó el 29 de noviembre del 2018. Su cuerpo de noventa y cuatro años estaba débil. En el que sería su penúltimo día en la tierra, recibió la visita de su buen amigo, James Baker.

Baker lo llamaba «Jefe», en español. Bush llamaba a Baker «Bake». Los dos salían con frecuencia a almorzar juntos. Baker llegaba a la casa y decía: «¿A dónde vamos hoy, Jefe?». Pero este día el expresidente preguntó antes que Baker lo hiciera. «¿A dónde vamos hoy, Bake?». Su viejo amigo contestó: «Bueno, Jefe, vamos al cielo». A lo que Bush respondió: «Bien... porque ahí es adonde quiero ir».

Para asegurarme de que los detalles de esta historia fueran correctos, le envié un mensaje de texto a Russ Levenson, el pastor de la familia Bush en Houston. Él añadió esta nota: «En sus últimos días, hablamos mucho sobre el cielo. Él nunca preguntó:

"¿Iré allí?" ni "¿existe un cielo?". Él simplemente quería saber cómo era».[3]

El presidente Bush vivió una vida magnífica. Pero al final, sus logros no eran lo importante. Fue su decisión de confiar en el logro de un rabí judío.

Todavía hoy día no merodeo en los cementerios. Mi fin de semana en la Funeraria y Cementerio Resthaven no me dejó con deseos de regresar. Y si me ofrecieras la oportunidad de vivir en una funeraria, te diría que no, muchas gracias.

Hago lo mismo que la mayoría de los visitantes en un cementerio. Presento mis respetos, asisto al servicio funeral y me voy. Sin embargo, sí me doy el gusto de dar rienda suelta a mi imaginación. Me detengo, miro alrededor del cementerio y vislumbro el cumplimiento de esta promesa:

> El Señor mismo descenderá del cielo con voz de mando, con voz de arcángel y con trompeta de Dios, y los muertos en Cristo resucitarán primero. Luego los que estemos vivos, los que hayamos quedado, seremos arrebatados junto con ellos en las nubes para encontrarnos con el Señor en el aire. Y así estaremos con el Señor para siempre. Por lo tanto, anímense unos a otros con estas palabras. (1 Tesalonicenses 4:16-18)

CAPÍTULO 9

Completamente pagado

Pregúntales a quienes han visto correr a Kayla Montgomery y te dirán que Kayla era una corredora estable, una corredora robusta. Delgada como un látigo y decidida, era una de las competidoras de larga distancia más rápidas en Estados Unidos. Los ojos de expertos tomaron nota de su zancada y llegadas sólidas. Su desempeño en el equipo de la escuela secundaria en Winston-Salem, North Carolina, captó la atención de entrenadores, competidores, y de las universidades. Estableció marcas en carreras de distancia, ganó títulos estatales, compitió en nacionales y, al final, recibió una beca para la Universidad Lipscomb, en Nashville, Tennessee.

Si la hubieras visto correr, te habría impresionado.

Esto es lo que jamás te hubieras imaginado: corría sin tener sensación en sus piernas. Le diagnosticaron esclerosis múltiple a los quince años. La enfermedad es un trastorno autoinmune que lesiona la vaina de mielina de los nervios, y así afecta el cerebro y la médula espinal. La sensibilidad al calor es uno de los muchos síntomas posibles de la EM. Cuando Kayla se sobrecalienta, sus síntomas de EM se agudizan y la dejan adormecida de la cintura para abajo.

Aun así, ella quería correr y le dijo a su entrenador: «Quiero correr y quiero correr rápido». Y lo hizo. En un momento, estaba clasificada en la posición veintiuno en la nación.

Comenzaba a sentir el adormecimiento después del marcador de la primera milla. Después de eso, dependía del impulso, como si estuviera en piloto automático, para seguir avanzando. Correr era factible. ¿Parar? Eso era otra historia. Kayla cruzaba la meta sin la capacidad para desacelerar.

Para esto, dependía completamente de un hombre: su entrenador. Él nunca faltaba a sus carreras; siempre estaba gritando, alentándola, empujándola, pero su mayor contribución era atraparla. Él atrapaba a Kayla. Se paraba en la meta y la esperaba. Ella corría a sus brazos. No disminuía la velocidad. Él no se movía. La colisión no era leve. Cuando finalmente la detenía, levantaba su complexión de cinco pies y una pulgada antes que se desplomara y la sacaba de la pista.

Una y otra vez la escuchabas decir: «¡Mis piernas! ¡Mis piernas! ¿Adónde se fueron? Por favor, ayúdame. Por favor, ayúdame».

Una y otra vez el entrenador le aseguraba: «Tranquila. No te voy a soltar. Estoy aquí».

Él la cargaba hasta un lugar seguro y le daba agua y hielo. Poco a poco, la temperatura de su cuerpo iba bajando y regresaba la sensación en sus piernas.[1]

Ellos tenían un acuerdo. Ella corría; él la atrapaba. Si él no estaba presente para atraparla, ella terminaría chocando contra el siguiente obstáculo. Pero nunca chocó porque él siempre estaba presente.

Este era su compromiso con ella.

Este es el compromiso de Dios con nosotros.

Tu meta se está acercando. Disculpa el recordatorio no solicitado, pero cada zancada y cada paso te acercan más al último. Cada latido del corazón es el clic de un reloj de cuenta regresiva. Tus respiros están contados. Tus días están calculados. No importa lo bien que corras esta carrera, no la correrás para siempre.

Necesitarás algo de ayuda. Tu fuerza expira en la meta. ¿La destreza con la que has corrido? ¿La aptitud con la que has competido? ¿La determinación que te sostuvo alrededor de la pista? ¿Tu entrenamiento? ¿La experiencia y los logros? Nada de eso importa una vez que cruces la meta.

Necesitarás a alguien que te atrape.

Jesús ha prometido ser ese Alguien. Él no te abandonará en tus momentos finales. Es su promesa. Y este es el mensaje de la cruz.

> Después de esto, como Jesús sabía que ya todo había terminado, y para que se cumpliera la Escritura, dijo: «Tengo sed». Había allí una vasija llena de vinagre; así que empaparon una esponja en el vinagre, la pusieron en una caña y se la acercaron a la boca. Al probar Jesús el vinagre, dijo: «Todo se ha cumplido». Luego inclinó la cabeza y entregó el espíritu. (Juan 19:28-30)

¿Cualifica la crucifixión como un milagro? Por supuesto. Reúne todas las características de los otros milagros en el evangelio de Juan. En el milagro de la redención, el agua no se convirtió en vino, pero los pecadores se convirtieron en santos. En el Calvario, Jesús no sanó a un siervo con una proclamación; sanó a todas las generaciones con una afirmación. El Viernes Santo, Jesús no le dijo a un paralítico que caminara; nos invitó a todos a bailar.

Con una sola proclamación, Jesús alimentó a mucho más que una multitud, calmó mucho más que una tormenta y le devolvió la vista a más de un solo hombre. Su orden en el cementerio de Betania fue suficiente para pedirle a Lázaro que saliera de la tumba. Su anuncio en el Calvario fue suficiente para salvar de la muerte eterna a todos los que creyeran en él.

¿El anuncio? *Tetelestai.* «Todo se ha cumplido» (Juan 19:30).

Quítate el sombrero. Quítate los zapatos. Silencia toda conversación y baja la vista. Esta palabra es santa, es un momento sagrado.

El artista se aleja de su lienzo y baja su brocha.

Todo se ha cumplido.

El poeta lee su soneto por última vez y luego coloca su pluma sobre el escritorio.

Todo se ha cumplido.

El granjero mira su tierra recién cosechada, se quita el sombrero y se seca la frente.

Todo se ha cumplido.

Jesús abre sus ojos hinchados y mira a los cielos. Sus pulmones ardientes expiden suficiente aire para anunciar: «Todo se ha cumplido».

¿Recuerdas cómo comenzó su obra? Cuando tenía doce años, Jesús se perdió en Jerusalén. Después de tres días, sus padres lo encontraron en el templo, hablando con los maestros. «¿Por qué me buscaban? ¿No sabían que tengo que estar en la casa de mi Padre?» (Lucas 2:49). Aun desde niño, Jesús tenía un sentido del negocio familiar, de la obra de redención. Sus primeras palabras registradas marcaron su comienzo. Una de sus últimas palabras indicaba su fin.

De hecho, la palabra griega *tetelestai* tiene matices de un término de negocio. Se usaba con el significado de «completamente pagado» en deudas como los gravámenes o un impuesto. El apóstol Pablo usó una versión de esta palabra (Romanos 13:6) cuando nos dijo que «paguemos impuestos». La raíz *teleó* aparece en el versículo 24 de Mateo 17: «¿Su maestro no paga el impuesto del templo?». El término indica una transacción finalizada.

La palabra de Cristo en la cruz declara lo mismo. «Porque con un solo sacrificio [Cristo] ha hecho perfectos para siempre a los que está santificando» (Hebreos 10:14). No hace falta ninguna otra ofrenda. El cielo no espera ningún sacrificio adicional. La obra de Cristo en la cruz satisfizo las exigencias del tribunal eterno. Si eso no cumple los requisitos de un milagro, ¿qué lo hace?

«Luego inclinó la cabeza y entregó el espíritu» (Juan 19:30). Su cabeza no cayó hacia delante ni hacia atrás. *Él inclinó* su cabeza. *Bajó* su cabeza. Jesús no era una víctima exhausta y desfalleciente. Él había prometido: «Nadie puede quitarme la vida sino que yo la entrego voluntariamente» (Juan 10:18 NTV).

El hombre en el centro de la cruz estuvo al mando del centro de la escena. Era soberano, aun en —especialmente en— la muerte. El negocio familiar al que aludió cuando era un niño se había cumplido unos veintiún años más tarde, y casi un kilómetro al oeste, en el monte del Gólgota.

¿Qué se había cumplido exactamente? ¿Terminarían las enseñanzas de Cristo? No, él seguiría enseñando en un cuerpo resucitado durante cuarenta días más. ¿La dirección de los santos? No, él continúa, con el Espíritu Santo, dirigiendo a su iglesia. ¿Había llegado a su fin el ministerio de sanidad de Jesús? De ninguna manera. En colaboración con el Espíritu Santo y la compasión del Padre, Jesús todavía sana. Pero hay una tarea que ya no necesita realizar: la redención de la humanidad.

«Al que no cometió pecado alguno, por nosotros Dios lo trató como pecador, para que en él recibiéramos la justicia de Dios» (2 Corintios 5:21). Este versículo describe la transferencia sobrenatural de nuestro pecado a Cristo y su justicia a nosotros. Jesús, el Hijo sin pecado de Dios, absorbió nuestro estado pecaminoso. Y nosotros, su creación rebelde, podemos recibir la bondad de Jesús.

Dos versículos antes, Pablo escribió: «En Cristo, Dios estaba reconciliando al mundo consigo mismo, no tomándole en cuenta sus pecados» (2 Corintios 5:19). ¡Dios no cuenta nuestros pecados en contra nuestra! Más bien, los cuenta contra Cristo. Jesús aceptó voluntariamente la responsabilidad por tus pecados. Y te ofrece generosamente la recompensa de su perfección.

Jesús, «después de ofrecer por los pecados un solo sacrificio para siempre, se sentó a la derecha de Dios» (Hebreos 10:12). Claro que Jesús se sentó. Todo lo que necesitaba hacer, lo había hecho. Todo lo que necesitaba pagar, lo había pagado.

Cristo pagó por ti.

Recientemente escuché una frase similar en una ventanilla de autoservicio en Starbucks. Hice mi pedido y luego esperé hasta que los ocupantes del auto al frente del mío hicieran sus compras y movieran su auto. Cuando llegó mi turno, me acerqué a la ventanilla y le ofrecí a la empleada mi dinero. No lo aceptó. «Los muchachos en el auto que acaba de irse pagaron por su bebida. Me dijeron que lo reconocían porque había estado en su iglesia y querían pagar por su café».

Quiénes eran, no lo sé, pero sé que son cristianos del más alto calibre. Y son un excelente ejemplo para que otros sigan. «Dejaron más que suficiente», continuó la empleada, mientras sostenía un billete de veinte dólares. Como mi bebida costaba menos de cinco dólares, hice lo que cualquier buen predicador habría hecho. Miré en mi retrovisor, luego volví a mirar a la empleada, y pedí algo para comer.

Lo que no hice fue rechazar el regalo. Lo que no hice fue decirle a la empleada que no necesitaba ayuda. Lo que no hice fue pasar por alto el acto de gracia. Simplemente y con gratitud, lo recibí. Y espero que hagas lo mismo.

Recibe este, el gran milagro de la misericordia. Permite que la gracia de Dios se derrame sobre ti como una cascada purificadora, que limpia todos los residuos de culpa y vergüenza. Nada te separa de Dios. Tal vez tu conciencia te acuse, pero Dios te acepta. Es posible que otros draguen tu pasado, pero Dios no lo hace. En lo que a él respecta, la obra fue hecha de una vez y por todas.

Tomé un descanso mientras escribía este libro para ir a la playa con mi familia. Rosie, nieta número uno, tenía tres años y medio, y nunca había visto el océano. Todos nos preguntábamos cómo respondería cuando lo viera. Cuando vio las olas y escuchó el rugido del agua, se quedó mirando y escuchando, y finalmente preguntó: «¿Cuándo se apaga?».

No se apaga, cariño.

Preguntamos lo mismo sobre la gracia de Dios. Sin duda, se secará y dejará de fluir, ¿cierto? Falso. Sin duda, agotaremos su bondad, ¿no? Nunca. Llegará el punto en que habremos girado demasiados cheques contra su misericordia y amor, ¿correcto? Incorrecto.

No nos castigó como merecían
nuestros pecados y maldades.
Su amor por quienes lo honran
es tan grande e inmenso
como grande es el universo.
Apartó de nosotros
los pecados que cometimos
del mismo modo que apartó
los extremos de la tierra.
Con quienes lo honran,
Dios es tan tierno
como un padre con sus hijos.
(Salmos 103:10-13 TLA)

Sigue corriendo la carrera. Y mientras corres, siéntete seguro. Un Amigo te está esperando en la meta. Cuando la cruces, te atrapará en sus brazos. No te sorprendas si repite lo mismo que dijo entonces: «Todo se ha cumplido».

CAPÍTULO 10

Vio y creyó

Te sorprendería saber con cuánta frecuencia he luchado con las dudas. Me excomulgarías si supieras cuántas veces he pensado algo como *¿Es esto realmente cierto?* Creer que Dios descendió a la tierra. Creer que Dios se convirtió en bebé, usó pañales y que su mamá lo amamantó. Pensar que una pareja casada tuvo un bebé antes de tener sexo. Pensar que una partícula de polvo llamada Nazaret sirvió por tres décadas como la ciudad de residencia del Hijo de Dios. Pensar que Dios en forma de un bebé con carita arrugada respiró por primera vez; como un niñito de cara redonda dio su primer paso; como un niño con cara lisa vio un amanecer por primera vez; como un adolescente con granitos en la cara miró por primera vez a una muchacha bonita; como un joven con rostro esbelto hizo el intento de recitar la Torá, *su* Torá; y como un rabí con barba se atrevió, con cara seria, a hablarles a los demonios, a perdonar a los pecadores, a ordenarles a las borrascas de verano que se calmaran y a los cadáveres que se pararan.

¿No te parece por momentos que es absurdo? ¿Un poco exagerado? ¿Ilógico?

Las enseñanzas de Cristo no me hacen dudar. Pensar en un rabí de Oriente Medio hablando palabras sabias sobre amar al prójimo y tener cuidado con la lengua es perfectamente razonable.

Pero decir que este maestro tenía (y tiene) la autoridad para perdonar pecados, que tenía (y tiene) la pureza para servir como sacrificio por los pecados y que tenía (y tiene) la audacia de recibir adoración, no solo agradecimiento y admiración, ¿sino adoración?

¡Válgame! ¿Dónde termina esto? Sin duda no terminó con su crucifixión. La bisagra en la puerta llamada Evangelio es la historia sobre un hombre muerto que dejó de estar muerto, un hombre enterrado que se desenterró a sí mismo, un corazón humano que se detuvo como una estatua de piedra por más de tres días y de pronto, tan seguro como que el sol brilla al amanecer, comenzó a bombear sangre como lo hizo desde su primer latido en el vientre de María. El cadáver despertó. Cristo se paró. Y miles de millones, sí miles de millones de nosotros nos hemos atrevido a creer que todavía hoy día nos sigue defendiendo. Y que algún día regresará a buscarnos. Que de una vez y para siempre hará que tenga sentido todo este lío al que llamamos humanidad.

Sé sincero ahora. ¿No te suena a veces un poco exagerado?

Para algunos de ustedes la respuesta es no. La fe de ustedes es tan fuerte, las raíces tan profundas y la sombra tan abarcadora como una secuoya.

Sin embargo, a algunos de nosotros nos cuesta trabajo. Tenemos preguntas válidas sobre el cristianismo. Deseamos respuestas que satisfagan nuestra búsqueda de una fe sincera. Si esto te describe, permíteme darte la bienvenida a la Sociedad de los buscadores. Déjame asegurarte algo: se permite tener dudas. Las preguntas son los escalones por los que ascendemos en dirección al cielo. El ascenso puede ser empinado, pero la dificultad no es señal de que no estemos progresando.

Juan hizo el ascenso. Sus historias de los milagros son una especie de pasamanos para ayudarnos. ¿Recuerdas la razón para registrarlas? «Estas [señales] se han escrito para que ustedes crean que Jesús es el Cristo, el Hijo de Dios, y para que al creer en su nombre tengan vida» (Juan 20:31). Juan no registró estas historias para mantenernos informados o entretenernos. Él quería que creyéramos que Jesús es el Mesías. Por esa razón, para el beneficio de los que cuestionamos, describió cuidadosamente el momento crucial en su vida: el momento en que creyó por primera vez.

Hablando de sí mismo, Juan escribió: «vio y creyó» (Juan 20:8). Esa frase no está después del milagro del agua convertida en vino. Juan no reaccionó así ante el Jesús que caminó en la tormenta ni el Jesús que alimentó a la multitud. Juan era un seguidor cuando Jesús sanó al ciego. Pero ¿cuándo se convirtió Juan en creyente? Voy a dejar que él te lo diga.

> Después de esto, José de Arimatea le pidió a Pilato el cuerpo de Jesús. (José era discípulo de Jesús, aunque en secreto por miedo a los judíos). Con el permiso de Pilato, fue y retiró el cuerpo. También Nicodemo, el que antes había visitado a Jesús de noche, llegó con unos treinta y cuatro kilos de una mezcla de mirra y áloe. Ambos tomaron el cuerpo de Jesús y, conforme a la costumbre judía de dar sepultura, lo envolvieron en vendas con las especias aromáticas. En el lugar donde crucificaron a Jesús había un huerto, y en el huerto un sepulcro nuevo en el que todavía no se había sepultado a nadie. (Juan 19:38-41)

Mientras caía el sol el viernes, colocaron al Hijo de Dios en una tumba en Jerusalén. Dos discípulos prepararon el cuerpo de Jesús para el entierro: José de Arimatea y Nicodemo. Ambos eran ricos. Ambos eran líderes en la ciudad. Ambos eran seguidores furtivos que hicieron pública su fe en los días finales.

No tenían nada que ganar en este acto de servicio. Hasta donde sabían, ellos serían las últimas personas que verían a su Salvador. Prepararon un cadáver para su entierro, no un cuerpo que-pronto-resucitaría para un milagro.

Ellos empaparon tiras de lino en treinta y cuatro kilos de especias aromáticas para entierros (Juan 19:39),[1] que era una cantidad significativa, «suficientes especias para el entierro de un rey».[2] Luego envolvieron el cuerpo hasta que quedó bien ajustado. Muy parecido a la manera en que envolverías un tobillo lastimado con un vendaje elástico, así envolvieron todo el cuerpo. El propósito de las especias era diferir el olor de la descomposición y, con el tiempo, endurecer la envoltura y convertirla en una cubierta protectora. Luego, enlazaron una tira de lino debajo de su quijada y sobre su coronilla para evitar que la boca se abriera.[3] Cuando terminaron su trabajo, los dos hombres cargaron el cuerpo hasta el cementerio y lo colocaron en una tumba que nunca se había usado.

Jesús nació en un vientre virgen. Y lo enterraron en una tumba virgen. Ante la insistencia de los líderes religiosos, Pilato colocó a dos guardias en la tumba. Les dijeron que mantuvieran afuera a los discípulos. Nadie mencionó la necesidad de mantener a Jesús adentro.

> El domingo por la mañana temprano, mientras aún estaba oscuro, María Magdalena llegó a la tumba y vio que habían rodado la piedra de la entrada. (Juan 20:1 NTV)

Habían pasado tres días desde la crucifixión. Jesús había prometido que resucitaría al tercer día (Marcos 8:31; 9:31; 10:34).

El viernes era el día uno. El sábado era el día dos.

La noche del viernes había sido silenciosa. El sábado fue triste.

El viernes los demonios bailaron. El sábado los demonios se dieron un banquete.

El viernes los discípulos huyeron. El sábado lloraron.

El viernes el Hijo más puro del cielo murió y fue enterrado. El sábado no dijo ni una palabra.

El viernes los ángeles inclinaron sus cabezas. El sábado guardaron su vigilia.

Pero el domingo, el tercer día, en las horas antes del amanecer, en el corazón de la tumba de José, el corazón de Jesús comenzó a latir.

¡Ah, cuánto daría por haber visto el momento! Por haber escuchado la inhalación de aire repentina. Por haber visto los ojos de Jesús parpadear y abrirse, y ver una sonrisa. ¿Sabías que se dibujó una sonrisa de oreja a oreja en el rostro del Vencedor? La primera respiración de Cristo significaba la última respiración de la muerte.

Lo que sigue en el evangelio de Juan es una serie de descubrimientos y celebraciones. María Magdalena vio la tumba vacía y supuso lo peor. Se apresuró a despertar a Pedro y a Juan con la noticia: «¡Se han llevado del sepulcro al Señor, y no sabemos dónde lo han puesto!» (Juan 20:2).

Juan y Pedro corrieron hasta el cementerio. Juan era más rápido, pero Pedro era más atrevido. Entró en el sepulcro y salió desconcertado. Juan entró en el sepulcro y salió creyendo. «En ese momento entró también el otro discípulo, el que había llegado primero al sepulcro; y vio y creyó» (v. 8).

Me inclino a pensar que Juan pausó después de escribir esa última palabra. *Creyó*. *Creer* era su verbo favorito. ¡Lo usa ochenta y ocho veces en su evangelio! Dos veces más que Mateo, Marcos y Lucas combinados.[4] *Creer* significa más que una simple creencia. Significa «depender de» y «confianza en».

Hace algún tiempo, viví la dinámica de lo que es creer. Estaba pasando un sábado con algunos amigos en la cabaña de uno de ellos, que estaba cerca del río Guadalupe. Era un cálido día de otoño y el nivel de agua del río estaba alto. Aprovechamos la tarde con un cielo azul para explorar la ribera del río. Nos encontramos con un roble elegante y majestuoso, con una rama gruesa que se extendía hasta la mitad del río. Una vieja cuerda colgaba del extremo de la rama, justo hasta el centro del río.

Puedes imaginarte nuestros pensamientos. *Sí, es noviembre. El agua está fría. Somos hombres de mediana edad, con jeans... pero ¿no sería divertido un chapuzón?*

Usamos una vara larga para alcanzar la cuerda. Aunque algo desgastada y deshilachada, *parecía* fuerte. A pesar de que el árbol era viejo, la rama *parecía* robusta. ¿Pero nos aguantaría? ¿O se partiría del primer tirón y lanzaría a un nadador potencial al lodo poco profundo?

En un momento, entre poner a prueba la cuerda y tocar el agua, uno de mis amigos se llenó de cierto valor. «¡Me voy a tirar!». Tomó la cuerda y corrió hacia el río como si fuera la línea de gol en un campo de fútbol. Él saltó y voló. Nosotros tragamos y miramos. La rama se dobló y la cuerda se estiró. Pero lo sostuvieron, y él se aguantó hasta que voló sobre la mitad de Dallas. Se dio su chapuzón, se hundió y apareció otra vez. No hizo falta una invitación para que siguiéramos su ejemplo.

¿En qué momento creímos en la fuerza de la cuerda? ¿Cuando la alcanzamos? ¿Cuando la examinamos? No, creímos cuando pusimos nuestro peso en ella.

Eso mismo hizo Juan. Colocó su peso en Cristo.

«[Él] vio y creyó».

¿Qué motivó su decisión? Juan todavía no había visto el rostro de Jesús, ni escuchado la voz de Jesús, ni tocado el cuerpo de Jesús. Todo eso vendría después. Pero, en ese momento, nada de esto había ocurrido. No obstante, Juan creyó. Entonces, ¿qué evidencia provocó su confesión?

He aquí lo que Juan nos dice: junto con Pedro «vio los lienzos puestos allí» (Juan 20:5 RVR1960). Juan usó el término griego para *poner* que significa «todavía doblados»[5] o en sus «pliegues originales».[6] «El cuerpo no estaba, pero las ropas parecían inalteradas».[7] Las vendas perfumadas estaban exactamente como José y Nicodemo las habían dejado el viernes por la noche, con una excepción evidente. Jesús no estaba en ellas. Había abandonado el capullo.[8]

Juan fijó su mirada en el caparazón desocupado y procesó la evidencia.

Primero vio la tumba vacía. Los profanadores de tumbas no se robaron el cuerpo de Jesús. No habrían extraído meticulosamente el cuerpo de su envoltura. ¿Por qué lo harían? No tenían ningún motivo y, probablemente, tampoco el tiempo para hacerlo.

Los amigos de Cristo no se llevaron el cuerpo. ¿Por qué añadir humillación a la muerte removiendo a Cristo del sudario? Si por alguna razón hubieran querido hacerlo, las vendas todavía intactas decían que no lo hicieron.

«Vio allí [...] el sudario que había cubierto la cabeza de Jesús, aunque el sudario no estaba con las vendas, sino enrollado en un lugar aparte» (Juan 20:6-7). Una vez más, los profanadores no tenían motivos para remover las vendas. Si lo hubieran hecho, las habrían tirado en una esquina. Lo mismo es cierto sobre los amigos de Jesús. ¿Por qué remover el sudario, doblarlo y ponerlo en un lugar aparte?

Juan hizo los cálculos: la piedra removida, la tumba sin inquilino, las vendas en su estado original. Solo una explicación tenía sentido. ¡Jesús mismo hizo esto! Pasó a través de las vendas como si fuera el rocío de la mañana.

Juan vio las vendas y el sudario, y creyó. Confió en Cristo de la misma manera en que nosotros confiamos en la cuerda. Qué momento debe haber sido para él.

Quizás pasó su mano sobre la losa vacía o divisó las huellas de los pies perforados en el piso polvoriento. Sin duda, inhaló la dulce fragancia de treinta y cuatro kilos de especias que todavía flotaban en el aire. Lo que estaba destinado a honrar a los muertos ahora servía para bautizar a un Rey.

Tal vez Juan le dio con el codo a su amigo, que estaba parado a su lado en la tumba vacía. «¡Él está vivo, Pedro! Nadie se lo llevó. Nadie pudo matarlo. Él rodó la piedra para que pudiéramos entrar. ¡Vamos, te echo una carrera! ¡El primero que llegue, escribe el evangelio!».

Juan vio y creyó.

Recuerdo el momento en mi vida cuando vi y creí. Comencé a seguir a Cristo cuando tenía veinte años, pero entre los veintidós y los veintitrés empecé a tener algunas dudas. Le confesé a un amigo: «No estoy seguro si realmente creo». Su respuesta fue simplemente: «Entonces, Max, esta es la pregunta. ¿Dónde está el cuerpo del Cristo crucificado?».

Ahora entiendo que su lógica era Apologética Cristiana 101. La línea de razonamiento es esta: si Jesús no salió del sepulcro, si su cuerpo todavía está en la tumba...

¿Por qué sus enemigos no lo mostraron? Ellos sabían dónde estaba enterrado el cuerpo. Un despliegue del cadáver y la iglesia habría muerto en la cuna.

¿Por qué el público no lo negó? El día de Pentecostés, unos breves cincuenta días después de la resurrección, predicándoles a más de tres mil personas en Jerusalén, el apóstol Pedro «refiriéndose a la resurrección del Mesías, afirmó que Dios no dejaría que su vida terminara en el sepulcro, ni que su fin fuera la corrupción. A este Jesús, Dios lo resucitó, y de ello todos nosotros somos testigos» (Hechos 2:31-32).

En mi imaginación, escucho a los apóstoles que estaban en el Aposento Alto gritando: «Amén», a los ciento veinte seguidores que recibieron al Espíritu Santo en Pentecostés declarando: «Amén», y a los más de quinientos seguidores que fueron testigos del Señor resucitado (1 Corintios 15:6) afirmando: «Amén». Nadie —aparentemente nadie— podía decir lo contrario.

¿No te parece que lo habrían hecho si hubieran podido? Los enemigos de Cristo hubieran silenciado el sermón de Pedro con mucho gusto. Pero no tenían nada que decir. No tenían ningún cuerpo que mostrar. Su silencio, como resultado, fue el sermón más convincente de todos.

La resurrección de Cristo es la piedra angular del evangelio cristiano. Pablo, el apóstol, fue franco y directo: «Si Cristo no resucitó, la fe de ustedes no vale para nada: todavía siguen en sus pecados» (1 Corintios 15:17 DHH). Si él resucitó, podrías contrarrestar, entonces nuestra fe es preciada y poderosa.

Acepta la invitación del Domingo de resurrección. Entra en el sepulcro. Estudia los datos. Más aún, considera las implicaciones. A causa de la resurrección, una fe lúcida y razonada es una posibilidad.

Jesús ve con buenos ojos el análisis sincero de la historia de la resurrección. Él sabe que suena inverosímil. La fe no es nuestra lengua materna. ¿Indeciso? Bienvenido. ¿Cauteloso? Bienvenido. Una lobotomía no es un prerrequisito para el cristianismo. Jesús invita a la Sociedad de los buscadores a mirar su cuerpo resucitado.

La fe no es la ausencia de duda. La fe es simplemente la disposición para seguir haciendo las preguntas difíciles. Como dice mi mentor Lynn Anderson: «Fe es la decisión de seguir el mejor punto de vista que tienes sobre Dios y no darte por vencido».

La piedra aún está removida. El sudario todavía está doblado. Las vendas siguen vacías. Estudia la evidencia. Mira a ver si, como Juan, también crees.

CAPÍTULO 11

Desayuno con Jesús

La *Última Cena* de Leonardo da Vinci comenzó a deteriorarse casi tan pronto como la terminó. Fueron varias las causas. Culparon parcialmente al artista. El duque de Milán encargó la pintura de la pared alrededor de 1494, como parte de la renovación de un convento. Sin embargo, da Vinci no pintó al fresco, y por lo tanto el pigmento no se adhirió adecuadamente a la superficie, y en unos veinte años la pintura comenzó a descascararse.

Luego estaba el medioambiente. El refectorio está en un sector bajo de la ciudad, propenso a la humedad, y la pared norte que Leonardo pintó estaba húmeda.

La pintura tampoco ha recibido el mejor de los cuidados. Durante décadas, no protegieron la pintura del vapor de una cocina cercana ni del humo de las velas del santuario. En un momento, añadieron una puerta en la pared y cortaron los pies de Cristo. Bajo Napoleón, convirtieron el refectorio en un establo de caballos, y los soldados pasaban su tiempo libre tirando ladrillos a la obra maestra. En una ocasión, la rectoría se inundó con dos pies de agua durante quince días consecutivos y dejó la pintura cubierta con moho verde. El 16 de agosto de 1943, una bomba de la Fuerza

Aérea Real alcanzó el convento y destruyó el techo del refectorio y un claustro cercano.

Es un milagro que la pintura todavía exista. Esto es un tributo a los restauradores de arte. En numerosas ocasiones los expertos han aplicado sus destrezas a *La Última Cena*. Su devoción ha sido incansable. El esfuerzo de conservación más reciente duró veintidós años, desde 1977 hasta 1999.[1]

En parte historiador, en parte químico, el restaurador hace una pregunta: ¿cuál era la intención original del artista? Las herramientas pueden incluir viseras magnificadoras, un litro de acetona, brochas, hisopos de algodón y barniz sintético. Centímetro a centímetro, los restauradores de arte imitan las pinceladas del creador, recuperan el color y revelan el genio.

Gracias a los restauradores podemos admirar la obra de da Vinci.

Gracias a Jesús puede restaurarse la obra de sus siervos. Los años les pasan factura a los santos más puros. Nuestras almas se manchan. Nuestro brillo disminuye. También necesitamos que nos limpien.

La prueba está en las páginas de la Biblia. Decimos que Abraham es nuestro héroe, pero en una ocasión se negó a decir que su esposa era su esposa. Nos deleitamos en las palabras de David. Sin embargo, a David se le conoció por deleitarse en la esposa de un amigo. Rahab forma parte de un puñado de mujeres en la genealogía de Jesús. También fue una madame en la profesión más antigua del mundo. Pablo mataba a los cristianos antes de enseñarles. Jacobo y Juan eran los «Hijos del trueno» antes que fueran los apóstoles de paz. Los seguidores de Jesús reñían como niños antes de morir como mártires. La Biblia está llena de fracasos célebres.

Les ponemos a nuestros hijos los nombres de ellos. Cantamos canciones sobre ellos. Queremos imitarlos. Pero seamos sinceros. No hay ningún ser humano en la Biblia que no se haya comportado como uno. Lucieron la porquería de cerdos del hijo pródigo, todos y cada uno de ellos.

Y nosotros también.

Sería sabio reconocerlo, confesarlo y dejar de escondernos. Nosotros, también, nos hemos caído de bruces, nos hemos golpeado duro y nos hemos caído lo suficiente como para cuestionarnos cómo, en nombre de Dios, Dios nos nombra suyos. No estoy hablando de metidas de pata insignificantes, delitos menores ni errores sin querer. Estoy sacando a la luz los momentos tipo Jonás en los que le damos la espalda a Dios, momentos tipo Elías en los que huimos de Dios, momentos tipo Jacob en los que nos atrevemos a exigirle a Dios.

Cuando reflexionas en tus peores acciones, ¿adónde te llevan tus recuerdos? ¿A un campus universitario? ¿A un motel aislado? ¿A una transacción de negocios turbia? ¿Qué temporada de tu vida recuerdas? La rebeldía de la adolescencia para algunos. La crisis de la mediana edad para otros. ¿Tus días en el servicio militar? ¿Tus meses de servicio en el extranjero? ¿Abandonaste a tus amigos? ¿Abandonaste tu puesto? ¿Abandonaste tus convicciones?

¿Te has preguntado si Dios podría usarte otra vez? Si es así, necesitas recurrir a una historia en el libro de Juan: el milagro de la restauración de Pedro.

La restauración es la segunda estrofa en el «Himno de la segunda oportunidad». En la primera estrofa Dios nos perdona. En la segunda, Dios nos restaura continuamente a nuestro lugar de servicio. Él nos lava, sin duda alguna. Pero nos lava por una razón: para que podamos volver a ser retratos de su bondad y colgarnos en su galería.

¿Acaso Jesús no hizo esto con Pedro?

La relación de Jesús con el apóstol comenzó en el mar de Galilea, tres años antes de la crucifixión. Pedro, un pescador, había estado pescando toda la noche con sus amigos. Jesús, un carpintero, había estado predicando en la orilla toda la mañana. Los pescadores estaban sin peces y sin idea del porqué. Jesús les dijo dónde lanzar sus redes. Naturalmente, Pedro y los otros pudieron haber descartado la instrucción. Estaban cansados. Querían descansar. Además, Jesús era un trabajador de la madera, no un lanzador de redes. Sin embargo, para reconocer el mérito de Pedro, este aceptó la sugerencia y casi se lastima un tendón al tratar de recoger la pesca (Lucas 5:1-7).

Y así comenzó esta amistad del tipo Montaña Rocosa entre Jesús y Pedro. «Montaña Rocosa» porque tuvo cimas y valles, altas y bajas. Pero ningún momento fue tan bajo como la noche en que Pedro no cumplió su promesa a Jesús.

Era la víspera de la crucifixión. Cristo les había dicho a sus seguidores que ellos lo abandonarían.

> —Aunque todos te abandonen, yo no —declaró Pedro.
>
> —Te aseguro —le contestó Jesús— que hoy, esta misma noche, antes de que el gallo cante por segunda vez, me negarás tres veces.
>
> —Aunque tenga que morir contigo —insistió Pedro con vehemencia—, jamás te negaré.
>
> Y los demás dijeron lo mismo. (Marcos 14:29-31)

La determinación de Pedro duró poco. Cuando los romanos arrestaron a Jesús, Pedro y los otros seguidores huyeron como perros escaldados. Pedro se armó de suficiente valor para regresar al simulacro de juicio. Pero no el valor suficiente para entrar en la corte. «Pedro lo siguió de lejos hasta dentro del patio del sumo sacerdote. Allí se sentó con los guardias, y se calentaba junto al fuego» (v. 54).

Gracias al fuego, su cuerpo se calentó. Gracias a su miedo, su corazón se enfrió. Cuando lo confrontaron sobre su asociación con Jesús, Pedro negó haberlo conocido.

> [Pedro] comenzó a echarse maldiciones. «¡No conozco a ese hombre del que hablan!», les juró.
>
> Al instante un gallo cantó por segunda vez. Pedro se acordó de lo que Jesús le había dicho: «Antes de que el gallo cante por segunda vez, me negarás tres veces». Y se echó a llorar. (vv. 71-72)

Nos da la impresión de que a partir de ese día, el sonido de un gallo cantando provocaba que Pedro sintiera un nudo en la boca del estómago.

Cristo fue a la cruz y murió. Pedro huyó y se escondió. El viernes fue trágico. El sábado guardó silencio. ¿Pero el domingo? Cristo puso el talón directamente en la cabeza a Satanás —la serpiente de la muerte—, se paró y salió del sepulcro. Cuando sus seguidoras vieron el sepulcro vacío, el ángel les dijo:

> «No se asusten. Ustedes están buscando a Jesús, el de Nazaret, el que murió en la cruz. No está aquí; ha resucitado. Vean el lugar donde habían puesto su cuerpo. Y ahora, vayan y cuenten a sus discípulos y

a Pedro que Jesús va a Galilea para llegar antes que ellos. Allí podrán verlo, tal como les dijo antes de morir». (Marcos 16:6-7 TLA)

¡Cielo santo! ¿Viste lo que acabo de ver? Pedro maldijo el nombre mismo de Jesús. Sin embargo, el ángel, por instrucción de Cristo sin duda alguna, les dijo a las mujeres: «Asegúrense de que Pedro reciba el mensaje. No permitan que se lo pierda. No dejen que se excluya a sí mismo. No dejen que piense ni por un momento que está descalificado». Es como si todo el cielo hubiera visto a Pedro caer. Ahora todo el cielo quería ayudarlo a pararse.

Cuando tenía seis años, mi hermano y yo estábamos jugando «corre, que te atrapo» por todos los pasillos de un supermercado. Mamá nos había pedido que nos comportáramos bien, pero no le hicimos caso. Recuerdo que di la vuelta al final de un pasillo, justo antes de mirar hacia arriba y ver un exhibidor independiente de miel. No tuve tiempo para frenar y me estrellé contra él. Las botellas volaron por todos lados... ¡botellas de miel de cristal! Los compradores se pararon y se quedaron mirando. El gerente de la tienda apareció.

«¿De quién es este niño?», gritó.

Allí estaba yo, sentado en el piso, cubierto con el líquido pegajoso. Miré al gerente. Me preguntaba cuántos años de cárcel me darían. Entonces, a mis espaldas, escuché la voz de mi mamá. «Me pertenece a mí», dijo. «Vamos a limpiar este desastre».

Jesús sintió lo mismo por Pedro: «Me pertenece a mí. Puedo limpiar este desastre».

La limpieza ocurriría a orillas del mar de Galilea. Pedro y los otros seguidores viajaron los ciento veintinueve kilómetros al norte para llegar al mar. Por razones que no nos dicen, salieron a pescar otra vez. Y «esa noche no pescaron nada» (Juan 21:3).

Ningún pez, otra vez. ¿Cómo es posible que unos pescadores profesionales, criados justo en este cuerpo de agua, pudieran pasar toda la noche en el mar sin atrapar ni un pececito? ¿Y cómo es posible que un extraño en la orilla supiera más que ellos sobre dónde encontrar los peces?

> Al despuntar el alba Jesús se hizo presente en la orilla, pero los discípulos no se dieron cuenta de que era él.
>
> —Muchachos, ¿no tienen algo de comer? —les preguntó Jesús.
>
> —No —respondieron ellos.
>
> —Tiren la red a la derecha de la barca, y pescarán algo. (vv. 4-6)

¿Existe una palabra aramea para *déjà vu*? Sin duda alguna los discípulos recordaban otra noche de dura faena en este mismo mar. El incesante lanzamiento de la red. El sonido que hacía cuando caía en el agua. Cómo el atardecer se convirtió en noche. Las estrellas aparecieron y los peces se mantuvieron en las profundidades. Finalmente, el sol salió.

Aquella mañana, como en esta, alguien que no era un pescador les dijo que trataran una vez más. Y lo hicieron. Lo que ocurrió entonces, ocurrió otra vez. La red se llenó con branquias plateadas dando volteretas y sacudidas. De repente, tenían peces a granel, y todo gracias al consejo de un extraño. «Era tal la cantidad de pescados que ya no podían sacar la red» (v. 6).

Juan no necesitó nada más. El extraño en la playa ya no era un extraño para él. «"¡Es el Señor!", dijo a Pedro el discípulo a quien Jesús amaba. Tan pronto como Simón Pedro le oyó decir:

"Es el Señor", se puso la ropa, pues estaba semidesnudo, y se tiró al agua» (v. 7).

Pedro se zambulló en el agua como un misil. Nadó hasta la orilla, salió del agua y, ¿sabes lo que vio cuando caminó hacia Jesús? «Unas brasas» (v. 9).

La última vez que los evangelios mencionan «unas brasas», Pedro estaba parado al lado de ellas, maldiciendo como un marinero y negando el nombre mismo de Cristo.

Pienso que estas brasas eran una manera de Jesús para decir: «Sé lo que hiciste. Tenemos que hablar». Podríamos esperar que Jesús estuviera furioso con Pedro: dragara su pasado, ensayara las promesas que Pedro había roto, citara todos los «te lo dije» del cielo. Podría haber usado su mano perforada para extender un dedo acusador. «¿Aprendiste tu lección, Pedro?». Uno o dos gruñidos divinos parecen en orden. Pero no. Solo esto: «Vengan a desayunar» (v. 12).

Jesús estaba colando café.

¿Quién habría imaginado esta invitación? Cristo, apenas unos días antes, había muerto como una ofrenda por el pecado de la humanidad. Él noqueó al diablo y convirtió cada tumba en una vivienda a corto plazo. Los ángeles estaban listos para celebrar, con confeti en las manos y acomodándose para una parada de victoria en las puertas del cielo. Pero la fiesta tendría que esperar.

Jesús quería cocinarles tacos de pescado a sus amigos. Quería restaurar el corazón y el ministerio de Pedro. Percibía las capas de culpa y vergüenza en el corazón de su amigo. Y como si tuviera una bolita de algodón remojada con gracia, comenzó a limpiarlos.

Cuando terminaron de desayunar, Jesús le preguntó a Simón Pedro: «Simón, hijo de Juan, ¿me amas más que estos?» (v. 15).

En mi imaginación, Jesús hizo gestos a los otros discípulos mientras hacía la pregunta. Pedro había dicho que así era. «Ellos tal vez desaparezcan, pero yo no lo haré», había presumido (Mateo 26:33).[2] Pero Pedro sí desapareció, pública y dolorosamente. Así que Jesús lo restauró pública y personalmente. Pedro negó al Señor tres veces. El Señor, en respuesta, le hizo tres preguntas:

«¿Me amas más que estos?» (Juan 21:15).

«¿Me amas?» (v. 16).

«¿Me amas?» (v. 17).

Pedro aprovechó la oportunidad para arrepentirse de cada negación con una confesión.

«Te quiero» (v. 15).

«Te quiero» (v. 16).

«Te quiero» (v. 17).

Jesús usó una palabra fuerte para amor: *agape*. Pedro respondió con una palabra más modesta para el amor que significa «afecto». Su fanfarronada había terminado. Su corazón era sincero. Así que Cristo restauró a Pedro con tres encargos personales:

«Apacienta mis corderos» (v. 15).

«Cuida de mis ovejas» (v. 16).

«Apacienta mis ovejas» (v. 17).

Jesús tenía trabajo para que Pedro hiciera; rebaños para que Pedro pastoreara. El apóstol estaba desanimado, pero no descalificado.

¿Y tú? ¿Estás en algún lugar entre los dos fuegos? ¿Tus fracasos y tropiezos te dejaron cuestionando tu lugar en el plan de Dios? Si es así, deja que esta historia te recuerde que Cristo tampoco ha terminado contigo. Tal vez estés en el suelo, pero no estás fuera.

Quizás te sientas solo, pero no estás solo. Jesús salió en una misión de búsqueda y rescate por Pedro. Y él hará lo mismo por ti. Jesús «puede [guardarte] para que no [caigas]» (Judas 1:24).

¿Te apetece un desayuno?

Jesús es el héroe aquí. Él encontró a Pedro, llamó a Pedro, orquestó la pesca para Pedro, preparó la fogata para Pedro, cocinó el desayuno para Pedro, aceptó la confesión de Pedro y recomisionó a Pedro. Si la distancia entre Cristo y Pedro consistía en cien pasos, Jesús dio noventa y nueve y medio.

Pero aun así, Pedro tenía que dar su paso.

Le dijeron que se encontrara con Jesús en Galilea, así que fue.

Escuchó que Jesús estaba en la orilla, así que se lanzó.

Cristo le hizo preguntas, así que contestó.

Él obedeció. Respondió. Interactuó. En otras palabras, se mantuvo en comunión con Cristo.

Querrás hacer de todo menos eso. El fracaso engendra negación. Y la negación quiere esquivar justo a Aquel que necesitamos. No cedas al deseo. Acércate a Jesús. Habla con Jesús y escúchalo cuando te habla. Obedécelo.

Para algunos de ustedes, la restauración es el milagro que necesitan. Admiras la historia del ciego que recibe la vista o del paralítico que camina. Te inspira la abundancia de pan y las tinajas de vino rebosantes. Pero lo que necesitas es restauración.

Jesús quiere dártela.

Él definitivamente me ha restaurado. Más veces de las que puedo contar, he visto a Jesús parado en la orilla. En una de esas ocasiones sin duda se parecía muchísimo a mi esposa. La historia comenzó con la compra de un teléfono inteligente nuevo. Había cambiado mi celular con tapa por uno que me permitía acceder a la Internet. Siempre he sido cauteloso con la Internet. Me perturba pensar que en cualquier momento estoy a un clic o dos de ver imágenes de mujeres que no tengo el derecho de mirar. Por esa razón he instalado filtros en todos mis electrónicos.

Pero, cuando se trató de mi primer teléfono inteligente, bueno, no fui inteligente. Lo llevé a mi oficina, lo desempaqué y lo conecté. *Guau, puedo acceder a las noticias, los deportes, mis correos electrónicos, todo desde mi teléfono*, me di cuenta. Y de inmediato pensé: *¿Este aparato está protegido?*

Esto es lo que debí haber hecho: caminar hasta el otro lado del pasillo y entregarle el teléfono a nuestro equipo de tecnología. Pero esto fue lo que hice: escribí algunas palabras que permitirían que un aparato desprotegido accediera a un mundo inmoral. En cuestión de segundos ella apareció en la pantalla. No miré por mucho tiempo, pero cualquier cantidad de tiempo es demasiado tiempo.

Apagué el teléfono, lo puse en mi bolsillo y me recliné en mi silla. *¿Qué acabas de hacer?*, me pregunté. Decidí ponerle un filtro. Pero cuando llamé, nuestro equipo de tecnología ya se había ido del edificio por el resto del día. Así que regresé a casa.

Aunque ya ha pasado casi una década desde aquella noche, la recuerdo vívidamente. Denalyn estaba cocinando. Llegué a la cocina y vacié mis bolsillos en el gabinete. Ella vio mi nuevo teléfono y lo tomó.

«Ah, ¿un teléfono nuevo?». Abrió la pantalla y para mi horror la foto todavía estaba allí.

El dolor en su rostro me rompió el corazón. Mi explicación se sintió escurridiza y frívola. Una nube de tensión cubrió la noche. Intentamos conversar, pero la emoción estaba a flor de piel. Casi no dormí. Cuando me paré de la cama, el cielo todavía estaba oscuro. Y también mi alma.

Entré al baño y encendí la luz. Fue entonces que me di cuenta de que Denalyn ya se había despertado. No estaba en el baño, pero había estado allí. En mi espejo había un corazón de tres pies de alto, que ella había dibujado con lápiz labial. En el medio de él escribió las palabras: «Te perdono. Te amo».

Pedro recibió un desayuno en la playa. Max recibió lápiz labial en el espejo. Ambos recibimos gracia. Pura gracia.

Nadie pasa por la vida sin fracasar. Nadie. Pedro no lo hizo. Jacob no lo hizo. El rey David no lo hizo. Salomón no lo hizo. Yo no lo he hecho, ni tú lo harás. Dentro de cada uno de nosotros está la capacidad para hacer justo lo que hemos decidido evitar. En algún momento, los sementales internos se escapan del corral, y nosotros —por un momento, un día o una década— corremos desenfrenadamente.

Si te ha ocurrido, recuerda el desayuno a la orilla del mar.

Cuando esto te ocurra, recuerda el desayuno a la orilla del mar.

Jesús todavía da lo que le dio a Pedro: restauración completa y total.

Pedro terminó predicando el sermón inaugural de la iglesia. El día de Pentecostés, tuvo el privilegio de presentar la proclamación inicial del evangelio. Mientras nos imaginamos a Pedro parado frente a la multitud en Jerusalén, recordemos que menos de dos meses antes estaba parado frente a la fogata. ¿Puede alguien transformar al Pedro negador en un Pedro proclamador? Jesús puede.

Lo hizo entonces.

Todavía lo hace.

CAPÍTULO 12

Cree, simplemente cree

Tal vez puedas imaginarte a un hombre de mediana edad haciendo el ridículo en la piscina de un motel. Su hija de cuatro años está parada en el borde y observa. La mamá de la niña está sentada en una de las sillas de la piscina y suspira. Otros huéspedes miran de reojo al hombre y cuestionan su cordura. Es decir, a menos que antes hayan hecho lo que él está haciendo. De ser ese el caso, sienten empatía.

No es fácil convencer a una niña de que salte a la piscina. Era tiempo, me parecía, de que Jenna diera el salto. Ella no estaba segura. Se paró en el borde de la piscina, se aferró al cemento con los dedos de sus pies, tenía los brazos pegados al cuerpo y miraba a su padre —este servidor— mientras hacía todas las piruetas acuáticas, acrobáticas, debajo del agua y de nado sincronizado que sabía.

«¿Ves?, ¡es divertido!», le decía y flotaba de espaldas, o me zambullía, o pretendía que era una ballena beluga y nadaba hasta el otro lado.

En realidad quería que Jenna saltara, que nadara, que entrara al maravilloso mundo del agua. Crecí a la distancia de una vuelta en bicicleta de una piscina pública, donde veinticinco centavos te garantizaban un día de verano repleto de clavados, tiradas de panza y suficientes juegos Marco Polo para convertir tus dedos en aletas.

«¡Te voy a atrapar!», le dije a Jenna. «¡Te encantará!», le dije a Jenna. «¡Simplemente confía en mí!», le dije a Jenna. Y finalmente lo hizo.

Brincó. Dio el salto. Dio el paso. Se movió del «borde de la piscina» a «dentro de la piscina».

La atrapé, como prometí.

Ella sobrevivió, como le prometí que lo haría.

Y le encantó. Todo porque creyó.

Nosotros, los predicadores, tendemos a complicar este asunto de creer. Nos volvemos muy técnicos, buscamos precisión. Nos conocen por escribir informes sobre el momento exacto de la salvación y la evidencia del arrepentimiento. Hemos discutido y rediscutido lo que hay que saber y lo que se tiene que hacer.

Llámame simple, pero pienso que Dios es un buen Padre. Creo que sabe algo de la vida. Y pienso que nos invita a dar el paso, a brincar, a dar el salto... no en la piscina, sino a una relación con él que es dinámica, alegre, y sí, ¡divertida! No siempre es fácil, eso sí. Pero, definitivamente, merece el riesgo, y por supuesto, es mejor que la vida sentados en una silla al lado de la piscina.

No tengo ninguna razón para pensar que Juan sabía algo sobre convencer a un niño para que nade. Pero me gustaría pensar que aprobaría mi ilustración sobre la fe. Su evangelio bien podría haber sido subtitulado *Para que creas*.

¿Por qué contarnos sobre el milagro del agua convertida en vino? Para que creas que Jesús puede restaurar lo que la vida se ha llevado.

¿Por qué contarnos sobre la fe de un hombre de la nobleza? Para que creas que Jesús escucha tus oraciones, aunque pienses que no lo hace.

¿Por qué contarnos sobre el cojo que tomó su camilla o el ciego que se lavó el lodo de sus ojos? Para que creas en un Jesús que ve una nueva versión de nosotros y nos da una nueva visión.

¿Para qué caminar sobre las aguas, alimentar a miles y resucitar muertos? Para que creas que Dios todavía calma las tormentas de la vida, todavía resuelve los problemas de la vida y todavía da vida a los muertos.

¿Necesitas gracia? La obra redentora de Jesús todavía está cumplida.

¿Necesitas reconfirmación de que todo es cierto? El sepulcro todavía está vacío.

¿Necesitas una segunda oportunidad? La fogata todavía está encendida en la orilla Galilea.

Todos estos acontecimientos se mantienen unidos como una sola voz, animándote, llamándote a creer que este Dios hacedor de milagros se preocupa por ti, pelea por ti y vendrá en tu ayuda.

Estos milagros están en tu vida igual que los jugadores de baloncesto y los fanáticos estuvieron en la de Luke; un jugador joven cuyo sueño se hizo realidad en el último juego del año.

Luke aprende a un ritmo diferente que los otros chicos de primaria. Se desarrolla mucho más lento que sus compañeros. Sin embargo, tiene una sonrisa adorable y un corazón puro que hacen que se gane el cariño de todo el que lo conoce.

Cuando el pastor de la iglesia formó un equipo de baloncesto, Luke se inscribió. Mientras los otros jugadores practicaban driblar la bola y las tiradas debajo del aro, Luke tiraba la bola desde la línea de tiro libre. Rara vez encestaba, pero cuando lo hacía, Luke levantaba sus brazos y gritaba: «¡Mírame, entrenador! ¡Mírame!». El entrenador lo miraba. Y sonreía.

Al equipo no le fue muy bien aquella temporada. Solo ganaron una vez. Y la victoria fue la consecuencia de una tormenta de nieve que impidió que el otro equipo llegara. En el último juego del año, se enfrentaban al mejor equipo de la liga. Terminó tan pronto comenzó. Llegando al final del último cuarto, el equipo de Luke estaba perdiendo por casi treinta puntos. Fue entonces cuando uno de los muchachos pidió tiempo y le dijo al entrenador: «Este es nuestro último juego y Luke nunca ha encestado la bola. Creo que debemos dejarlo jugar».

El equipo estuvo de acuerdo. El entrenador lo colocó cerca de la línea de tiro libre y le pidió que esperara.

Luke no cabía de la emoción. Se paró en su lugar. Cuando le pasaron la bola, lanzó y falló. Un jugador del otro equipo le quitó el rebote y dribló a través de la cancha, para una canasta fácil. Le entregaron otra vez la bola a Luke. Lanzó y falló otra vez. El otro equipo anotó a raíz del rebote.

Poco a poco, el otro equipo comenzó a ver lo que estaba pasando. Cuando entendieron, también entraron en acción. Comenzaron a tirarle la bola a Luke. Él seguía fallando, así que los jugadores de los dos equipos le seguían tirando la bola. Pronto, todo el mundo en la cancha quería que Luke encestara.

El entrenador estaba seguro de que el tiempo se había terminado. Se suponía que el juego se hubiera acabado. Miró el reloj oficial. Lo habían detenido en 4,3 segundos. Resulta que hasta los que llevaban el tiempo estaban apoyando el esfuerzo. Se pararon al lado de su mesa y estaban gritando con el resto del público: «¡Luke, Luke!».

Luke tiró y tiró. Trató una y otra y otra vez y, finalmente, milagrosamente, uno de sus tiros hizo un loco rebote en el aro. Todo el mundo aguantó la respiración. La bola cayó a través del aro. ¡El lugar estalló! Luke estiró sus brazos en el aire y gritó: «¡Gané! ¡Gané!». Su equipo lo escoltó fuera de la cancha, el reloj llegó a cero y el juego terminó.[1]

Veo algo de evangelio en esa historia. Veo una imagen de la devoción de Dios por ti y por mí. Dios quiere que ganemos. No necesariamente en un juego de baloncesto, sino que ganemos en la fe, en la esperanza, en la vida. Quiere que ganemos para la eternidad. Él alinea cada fuerza, enlista cada herramienta, utiliza cada milagro para que tú y yo algún día podamos levantar nuestros puños triunfantes hacia el cielo.

¿Podría instarte a ver los milagros de Jesús como parte de su arsenal? Estos fueron, y son, parte de un cántico celestial colectivo, que gritan tu nombre y el mío, y nos llaman a creer.

Él todavía envía esta invitación a través de los milagros.

Una querida miembro de nuestra congregación ha batallado con una columna vertebral curvada durante toda su juventud. Esto ha dificultado su crecimiento y su sueño. Entonces, cuando cumplió veinte años, los médicos descubrieron que tenía un tumor de crecimiento rápido en la misma área. Se sometió a una cirugía, pero no sin antes pedir el apoyo en oración de muchos de nosotros.

Despertó de la cirugía para escuchar a un médico sorprendido decirle: «Lo que vi en los rayos-X y lo que vi en la sala de operaciones fueron dos cosas distintas. Tu columna está saludable. No hay ningún tumor. No tengo ninguna explicación».[2]

¿Coincidencia? ¿O una señal de Dios para recordarle su presencia?

Por más de veinte años, Mark Bouman dirigió un orfanato cristiano en Cambodia. Él y su esposa manejaban cada detalle de la misión, desde la perforación de los pozos de agua hasta el cuidado de los niños enfermos. Los huérfanos llamaban «papá» a Mark, y él los consideraba como sus hijos. Por eso su corazón se hizo trizas cuando él y su familia tuvieron que huir repentinamente de Cambodia en 1975 debido a una insurrección. Mark llegó a salvo a Tailandia, pero no podía dejar de pensar en los huérfanos. Dos semanas más tarde, recibió una llamada apasionada de un trabajador del orfanato, suplicándole que regresara y los ayudara.

Salió a toda prisa hacia el aeropuerto de Bangkok. Estaba en un estado de caos. Docenas de personas estaban tratando de comprar un boleto para un vuelo a Cambodia. El empleado de la línea aérea comenzó a gritarle a la multitud: «¡Ya no tenemos más boletos!». Mark no sabía qué hacer.

Entonces vio el mostrador de otra línea aérea. Allí no había nadie en fila. Mark caminó hasta allí y le preguntó a la agente si había algún asiento disponible para Cambodia. «Sí», ella le contestó, «tenemos un asiento disponible. ¿Puede darme su pasaporte?».

Dos horas después, Mark estaba aterrizando en Cambodia.[3]

¿Una línea aérea sin nadie en fila? ¿Un boleto disponible?

¿Coincidencia? ¿O Cristo-incidencia?

Ayer por la mañana llamé al departamento de servicio al cliente de una tarjeta de crédito. Tenía un problema con la mía. No era algo apremiante, y la evidencia era que llevaba dos meses posponiendo la llamada. El asunto se había quedado varias veces fuera de mis prioridades en la lista de cosas pendientes por hacer. Sin embargo, tan pronto hice la llamada sospeché que otra cosa, o Alguien, había causado el retraso.

Cuando le dije mi nombre a la representante, ella respondió: «¿Max Lucado? ¿*El* Max Lucado?».

Dos tipos de personas responden a mi nombre de esta forma: mis supervisores de libertad condicional o los lectores de mis libros. Esperaba que estuviera en la última categoría.

Así fue. Ella comenzó a decirme cómo mis libros la habían alentado a través de los años, cómo mantenía uno en su mesita de noche, y... justo en ese momento se emocionó. Se quedó sin habla. No podía emitir palabra. Durante casi un minuto ninguno de los dos dijo nada. Ella lloraba silenciosamente.

Entonces, organizó sus pensamientos y se disculpó por no haberse comportado profesionalmente. Sus lágrimas no me molestaban, le dije. Y le pregunté qué le ocurría.

Me explicó que acababa de regresar de una visita a su médico y le habían dicho que padecía de insuficiencia cardiaca congestiva. La noticia la devastó. De camino a la oficina había llamado a su esposo. No contestó. Llamó a su hijo. No contestó. Y casi no podía contener sus lágrimas cuando llegó a su trabajo. Como necesitaba hablar con alguien, oró: *Señor, ¿me dejarías compartir mi carga con alguien? ¿Con cualquiera?*

Caminó hasta su escritorio, se sentó y yo fui la siguiente llamada que contestó.

¿Cuáles son las probabilidades? Entre todos los representantes de servicio al cliente, ella fue la que tomó mi llamada. Entre todos los días en que pude haber llamado, aquel fue el día en que llamé.

Y estas historias se repiten una y otra y otra vez.

Explícalas como quieras. Añádelas a la lista de eventos al azar. O permite que cumplan su propósito previsto: para recordarnos que estamos bajo el cuidado de la ayuda siempre presente de Dios. No somos veletas movidas por los vientos del destino y de la suerte. Somos los hijos y las hijas de un Dios todopoderoso y bueno que cuida de nosotros.

La esperanza de Juan era que creyéramos, que los incrédulos comenzaran a creer y que los creyentes siguiéramos creyendo que «Jesús es el Cristo, el Hijo de Dios» (Juan 20:31).

Ahí lo tienes. La esperanza de Juan, la esperanza de su libro, ciertamente la esperanza de Dios, y la esperanza de *este* libro. Que creamos, no en nuestro poder, no en la capacidad de la humanidad para ayudarse a sí misma, no en las cartas del tarot o la buena fortuna, no en la buena apariencia ni en la buena suerte. Sino que creamos en Jesús. Jesús como el Cristo, el Mesías, el Ungido. Jesús como el Hijo de Dios.

El mensaje de los milagros es el Hacedor de milagros mismo. Él quiere que sepas que nunca estás solo. Nunca te falta su ayuda, esperanza o fuerza. Eres más fuerte de lo que piensas porque Dios está más cerca de lo que puedes imaginar.

Él quiere que sepas esto:

Sé todo sobre ti (Salmos 139:1).
Sé cuándo te sientas y cuándo te levantas (Salmos 139:2).
Tengo contados los cabellos de tu cabeza (Mateo 10:29-31).
Te he adoptado en mi familia (Romanos 8:15).
Antes que fueras del tamaño de una peca en el vientre de tu madre, ya te conocía (Jeremías 1:4-5).
Eres mi idea y solo tengo buenas ideas (Efesios 1:11-12).

No vivirás ni un día más ni uno menos de los que diseñé para ti (Salmos 139:16).

Te amo como a mi propio hijo (1 Juan 3:1).

Te cuidaré (Mateo 6:31-33).

Conmigo no va eso de amarte hoy y dejarte mañana. Te amo con un amor eterno (Jeremías 31:3).

No puedo dejar de pensar en ti (Salmos 139:17-18).

Eres mi propiedad preciada (Éxodo 19:5).

Hagamos juntos cosas maravillosas (Jeremías 33:3).

Nada podrá separarte jamás de mi amor (Romanos 8:38-39).

Comencé este capítulo final con una historia de papá. ¿Podría concluir con otra?

Cuando mis hijas eran pequeñas, mi costumbre era regresar de mis viajes con un regalo para cada una. Entraba por la puerta y gritaba: «¡Papá llegó!», y ellas corrían a abrazarme. No me molestaba cuando me preguntaban: «¿Qué nos trajiste?». No me sentía ofendido cuando tomaban el nuevo juguete y salían corriendo a jugar. En parte, necesitaba descansar. Más importante, sabía que regresarían. En algún momento antes de la hora de irse a dormir, acabadas de bañar y en pijamas, se subirían a mi regazo. Leeríamos un libro o les contaría una historia, y pronto se quedarían dormidas.

Sabía que no eran mis presentes lo que les traía alegría. Era mi presencia.

Que Dios bendiga tu vida con más milagros de los que puedas contar. Que tu agua se convierta en cabernet. Que tus tormentas oscuras se conviertan en sol de primavera. Que él alimente a miles y a miles a través de tu canasta de fe. Que camines como el paralítico recién sanado, que veas como el hombre que ya no era ciego, que vivas como el Lázaro que ya no estaba muerto. Que mores en la gracia de la cruz, la esperanza de la tumba vacía y la certeza del poder restaurador. Pero, sobre todo, que creas... que creas que Dios es tu ayuda siempre presente. Y que en su presencia encuentres paz.

Preguntas para reflexionar

PREPARADO POR ANDREA LUCADO

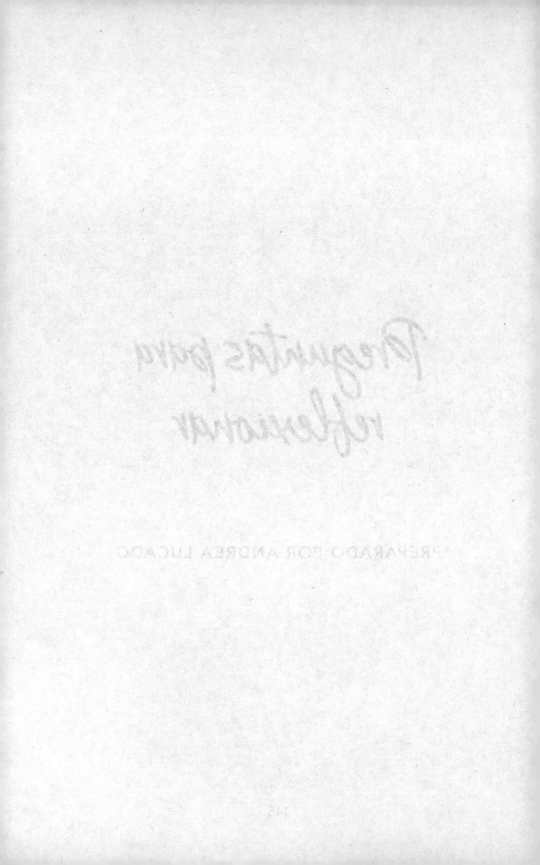

CAPÍTULO 1

Nosotros no podemos, pero Dios sí puede

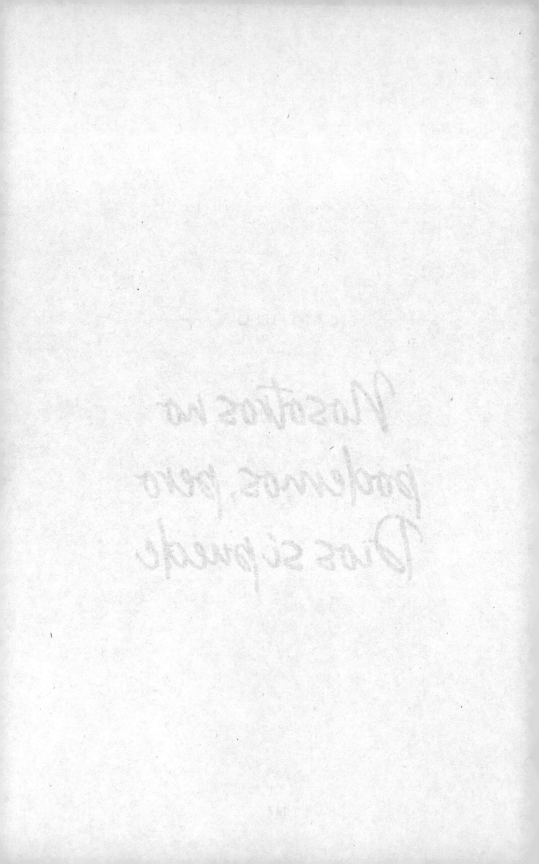

1. ¿Qué piensas sobre los milagros?
   - ¿Crees las historias milagrosas de la Biblia?
   - Sí o no, ¿por qué?
   - ¿Crees que ocurren milagros hoy día?
   - ¿Has sido testigo de un milagro o has vivido alguno personalmente? Si es así, cuenta la historia.
   - Si no, ¿conoces a alguien que asegure que ha sido testigo de o que ha vivido un milagro? ¿Cuáles fueron esas circunstancias?

2. De los milagros que se registran en las Escrituras, ¿cuál es tu favorito?
   - ¿Qué te intriga de este milagro?
   - ¿Qué dice este milagro sobre el corazón de Jesús por otros?

3. ¿Qué dice Max que es único en el evangelio de Juan?

   Si hubieras sido un discípulo de Jesús y estuvieras escribiendo tu propio evangelio sobre su vida, ¿en qué te habrías enfocado y por qué?

4. Juan 20:30-31 dice: «Jesús hizo muchas otras señales milagrosas en presencia de sus discípulos, las cuales no están registradas en este libro. Pero estas se han escrito para que ustedes crean que Jesús es el Cristo, el Hijo de Dios, y para que al creer en su nombre tengan vida».
   - Piensa por un momento en los milagros que la Biblia no registra. Imagínate a las personas sanadas, perdonadas, salvadas. ¿Quién eres tú en esa escena?
   - Según Max, ¿cómo es tener vida «en su nombre»? (Ver p. 4).

5. ¿Qué más nos prometen los milagros de Cristo? (Ver pp. 5-6). ¿Cómo esto afecta tu fe?

6. La mujer que Max describe al principio del capítulo dijo: «Soy yo sola, y no soy gran cosa».
   - ¿Te has sentido así alguna vez? Si es así, ¿qué circunstancias causaron que te sintieras de esta manera?
   - ¿En este momento hay alguna área en tu vida en la que te sientes solo? Describe la situación o los sucesos que te llevaron a eso. ¿Cómo te ha afectado esta soledad?
   - ¿Cómo la soledad ha afectado tu fe?
   - ¿Qué palabras usarías para describir esta época de soledad?

7. Max cita un estudio del Parkland Hospital en Dallas. ¿Qué descubrió ese estudio?
   - ¿Cómo reaccionaste ante esta información? ¿Te sorprendió? Sí o no, ¿por qué?

- ¿Has sido testigo de la soledad en tu familia o a nivel comunitario en tu ciudad o vecindario? Da algunos ejemplos.
- El estudio del hospital reveló que, básicamente, estos pacientes querían saber que alguien se preocupaba por ellos (p. 8). ¿De qué forma te identificas con ese sentimiento?

8. Max pregunta: «¿Crees en un Jesús que no solo tiene poder, sino también un amor ferviente por los débiles y los heridos del mundo? ¿Piensas que le importas lo suficiente como para encontrarte en las salas de espera, los centros de rehabilitación y los sanatorios solitarios de la vida?» (Ver p. 8).
   - ¿Cómo responderías a estas preguntas?
   - ¿Qué experiencias personales te han llevado a creer en el Jesús de poder y amor?

9. Llena los blancos: «Y seremos cuidadosos; ah, muy cuidadosos, para mirar las señales tal como Juan quiso que las viéramos; no como entradas en un ____ ____ ______, sino como muestras tomadas del ________de Dios» (p. 6).
   - Explica esta oración.
   - ¿Qué esperas aprender sobre Jesús en este libro?
   - ¿Qué esperas aprender sobre los milagros?
   - ¿Qué esperas aprender sobre ti mismo?

10. El evangelio de Mateo termina con estas palabras de Jesús: «Les aseguro que estaré con ustedes siempre, hasta el fin del mundo» (Mateo 28:20).

- Imagínate que eres Juan y que estás escuchando a Jesús decir estas palabras. ¿Cómo te sentirías?
- ¿Qué significa para ti esta promesa hoy día?

11. Relee Juan 20:30-31.
    - ¿Qué frase en estos versículos es la más significativa para ti? ¿Por qué?
    - Cuando Juan promete que creer en Jesús nos lleva a tener vida «en su nombre», ¿qué crees que está tratando de expresar? ¿Qué significa para ti tener vida «en su nombre»?

CAPÍTULO 2

Él repondrá lo que la vida se ha llevado

1. Lee la historia del primer milagro de Jesús en Juan 2:1-12.

2. ¿Cuál crees que fue el propósito de este milagro?

3. Imagínate la escena.
   - ¿Qué les faltaba a los invitados en esta historia?
   - ¿Qué le respondió inicialmente Jesús a María en el versículo 4 cuando ella le dijo que se había acabado el vino?
   - ¿Por qué respondió de esta manera?
   - ¿Por qué crees que María consideró que la falta de vino era un problema lo suficientemente urgente como para presentárselo a Jesús?

4. Inicialmente, Jesús estaba indeciso en si debía hacer este milagro y dijo: «Mujer, ¿eso qué tiene que ver conmigo? [...] Todavía no ha llegado mi hora» (Juan 2:4). ¿A qué se refería Jesús con «todavía no ha llegado mi hora»? María

respondió volviéndose a los sirvientes y diciéndoles: «Hagan todo lo que Jesús les diga» (v. 5 TLA).

- ¿Por qué María intervino?
- ¿Qué crees que sabía María sobre Jesús?

En relación con este pasaje Max dice: «*Todo* quiere decir todo. Todo lo que diga, todo lo que ordene. Aun si su «todo» es un *nada en absoluto*, hazlo» (p. 21). ¿Alguna vez has tenido duda sobre presentarle una necesidad a Jesús porque te preocupaba lo que «todo» pudiera significar para ti? Si es así, describe lo que era o es la necesidad.

5. Llena el espacio en blanco: «No se inquieten por nada; más bien, en __________ ocasión, con oración y ruego, presenten sus peticiones a Dios y denle gracias» (Filipenses 4:6). De acuerdo con este versículo, ¿qué *no* debemos presentarle a Dios en oración?

6. ¿Qué te hace falta en este momento? ¿Tiempo? ¿Salud? ¿Fondos? ¿Cómo esta carencia afecta tu diario vivir, tu relación con otros y tu fe? ¿Le has presentado a Cristo esta necesidad? Sí o no, ¿por qué?
   - Si ya le has presentado esta necesidad a Cristo en oración, ¿cuál ha sido la respuesta?
   - Si no lo has hecho, piensa en lo que podría estar impidiendo que lo hagas. ¿Qué te detiene?

7. Al final, Jesús satisfizo aquella noche la necesidad de los invitados a la boda. ¿Cómo explica Max la decisión de Jesús de convertir el agua en vino? (Ver p. 18).

8. ¿Cuál era la calidad del vino que Jesús hizo? (Ver Juan 2:9-10).
    - Jesús pudo haber hecho menos vino. Pudo haber hecho un vino de una calidad inferior. Como dijo el encargado del banquete: «Todos sirven primero el mejor vino y, cuando los invitados ya han bebido mucho, entonces sirven el más barato; pero tú has guardado el mejor vino hasta ahora» (Juan 2:10). Es probable que muchos no se dieran cuenta de lo bueno que era el vino aquella noche; entonces, ¿por qué Jesús hizo ese milagro de esta manera?
    - ¿Qué te dice esta historia sobre cómo Jesús responderá a tus necesidades?

9. En su carta a los efesios, Pablo escribió: «Al que puede hacer muchísimo más que todo lo que podamos imaginarnos o pedir, por el poder que obra eficazmente en nosotros, ¡a él sea la gloria en la iglesia y en Cristo Jesús por todas las generaciones, por los siglos de los siglos! Amén» (Efesios 3:20-21).
    - ¿Alguna vez le has dado a un ser amado más de lo que te pidió? Quizás le diste a tu nieta dos galletas en vez de una, o le diste a tu hijo el dinero que necesitaba para la gasolina *y* para una soda, o ayudaste a una amiga a mudarse y después te quedaste para colgar las cortinas y acomodar los muebles.
    - ¿Por qué diste en abundancia? ¿Qué te motivó a superar la petición? ¿Cómo te hizo sentir el regalo?
    - Si puedes dar en abundancia a los que te rodean con los recursos que tienes como ser humano, ¿qué crees que el Dios del universo puede darte cuando le presentas tus necesidades?

CAPÍTULO 3

El largo camino entre la oración ofrecida y la contestada

1. ¿Estás esperando la respuesta a una oración? Explica tu oración, y piensa en cuáles podrían ser las razones de Dios para que estés en una temporada de espera.

2. Imagina que estás en una carretera. El punto de partida es la oración ofrecida. El destino es esa oración contestada. ¿En qué punto del camino te encuentras hoy día? ¿Cómo ha sido el recorrido para ti?

3. Lee Juan 4:46-47.
   - ¿Cuál era la distancia entre Capernaúm y Caná? (Ver p. 27).
   - ¿Por qué crees que el funcionario viajó tan lejos para ver a Jesús?
   - ¿Qué hizo el funcionario cuando se encontró con Jesús en el versículo 47?
   - ¿Le has suplicado a Dios por algo? ¿Qué era? ¿Por qué te sentiste lo suficientemente desesperado como para suplicarle?

- Si Dios no contestó tu oración como querías, ¿se afectó tu fe? Sí o no, ¿por qué?

4. ¿Cómo respondió Jesús al ruego del funcionario en Juan 4:48?
   - ¿Qué presenta Max como una posible razón para la respuesta de Jesús? (Ver p. 28).
   - ¿Cómo le respondió el funcionario a Jesús en Juan 4:49? ¿Hubieras respondido de la misma manera? Sí o no, ¿por qué?

5. Juan 4:50 dice: «Entonces Jesús le dijo: "Vuelve a tu casa. ¡Tu hijo vivirá!". El hombre creyó lo que Jesús le dijo, y se fue» (NTV).
   - ¿Cuáles crees que hubieran sido tus emociones o pensamientos en ese recorrido de casi veintinueve kilómetros desde Caná hasta tu casa en Capernaúm?
   - ¿Cuáles han sido tus emociones o pensamientos en tu recorrido actual desde que ofreciste tu oración por primera vez?
   - ¿Cuál es la diferencia entre tu recorrido y el del funcionario?

6. Según tu experiencia, ¿cómo contestarías esta pregunta: «¿Cómo caminamos por fe cuando hasta aquí estamos ciegos a la solución?» (Ver p. 32).

7. Salmos 46:1 afirma: «Dios es nuestro amparo y nuestra fortaleza, nuestra ayuda segura en momentos de angustia».

- ¿Qué tipo de ayuda nos provee Dios en los momentos de angustia?
- Describe un momento en el que estuviste consciente de su presencia. ¿Cómo la sentiste? ¿Cómo afectó esto tu fuerza, tu confianza o tu alegría?
- Si no has sentido la presencia de Dios, ¿algún amigo o familiar ha estado a tu lado durante un momento difícil? ¿Cómo te fortaleció el que esa persona haya estado presente en medio de tu situación difícil?

8. Lee el resto de la historia del funcionario en Juan 4:51-53.
   - Además de la sanidad del hijo del funcionario, ¿qué más logró este milagro?
   - ¿Has visto un propósito mayor para tu recorrido desde la oración ofrecida hasta la oración contestada?
   - ¿O alguna vez Dios te ha revelado un plan diferente mientras esperabas que contestara tu oración? Si es así, ¿cómo reaccionaste inicialmente a ese plan? En retrospectiva, ¿ves su propósito en ese plan?

9. Jesús le dijo al funcionario: «Vuelve a tu casa. ¡Tu hijo vivirá!» (Juan 4:50 NTV). ¿Cómo respondió el funcionario? ¿Cómo podrías responderle a Jesús de una manera similar? Sin saber lo que encontrarás en el recorrido mientras esperas y sin saber si Dios contestará tu oración como deseas, ¿cómo puedes creer lo que Jesús dijo en las Escrituras y continuar tu recorrido hasta llegar a casa?

CAPÍTULO 4

Ponte de pie, toma tu camilla y anda

1. Al principio de este capítulo, Max sugiere que todos hemos estado atascados: «Atrapado en el lodo del resentimiento, ahogado en las deudas, atollado en un callejón sin salida profesional, hasta la cintura en el pantano de un conflicto sin solución. Atascado» (p. 38).
   - ¿Hay alguna área en tu vida donde te sientas atascado?
   - Si es así, ¿de qué manera estás atascado? ¿Desde cuándo te sientes así?
   - ¿Por qué estás atascado en esta área de tu vida en particular?

2. Mateo 9:35-36 afirma: «Jesús recorría todos los pueblos [...] sanando toda enfermedad y toda dolencia. Al ver a las multitudes, tuvo compasión de ellas, porque estaban agobiadas y desamparadas, como ovejas sin pastor».
   - ¿Alguna vez te has sentido como la multitud descrita en estos versículos; que estabas enfrentando un problema tan grande que no sabías qué hacer ni adónde ir? Si

es así, describe cómo te sentías y cómo afectó esto tu sensación de estar atascado.

- ¿Hay alguna área de «atascamiento» en tu vida hoy? Explica.
- Si consideras dónde te sientes atascado en tu vida hoy, o quizás cuando te sentiste atascado en el pasado, ¿dónde puedes buscar ayuda?

3. Lee Juan 5:1-6.
   - ¿Desde cuándo el hombre había sido cojo?
   - ¿Cómo te sentirías en relación con tus circunstancias si hubieras sufrido de la misma enfermedad o apuro durante treinta y ocho años?
   - ¿Cuál es la época de sufrimiento o enfermedad más larga que has atravesado? ¿Qué causó este periodo de sufrimiento?
   - ¿Cómo el sufrimiento ha afectado tu vida, tus emociones y tu fe?
   - ¿Qué pregunta le hizo Jesús al cojo en el versículo 6?
   - ¿Cómo respondió el cojo?
   - Si Jesús te hiciera la misma pregunta sobre una situación en la que te sentiste atascado, ¿cómo le contestarías?

4. Max plantea la pregunta de Jesús de una manera distinta: «¿Estás listo para desatascarte?» (Ver p. 41).
   - ¿Cuáles son algunas de las razones por las que alguien querría permanecer atascado?

- ¿En algún momento te quedaste atascado, aunque sabías que había una salida? ¿Por qué decidiste quedarte atascado?

5. ¿Qué le dice Jesús al cojo en el versículo 8?

6. Max divide el versículo 8 en tres acciones que debes realizar cuando te sientas atascado. ¿Cómo Max explica estas acciones?

   Ponte de pie:

   Toma tu camilla:

   Anda:

   - Piensa en un área donde te sientas atascado hoy día.
     ¿Cómo podrías...
     ponerte de pie?
     tomar tu camilla?
     andar?
   - ¿Cuál de estos tres pasos es el más difícil para ti? ¿Por qué?

7. Max cuenta la historia de Bárbara Snyder, una gimnasta talentosa que enfermó de gravedad y fue milagrosamente sanada. Max escribe: «Cristo llevó a cabo el milagro. Cristo intervino». Pero ¿qué tuvo que hacer Bárbara? (Ver p. 43).

8. Llena el espacio en blanco: «cree en el Jesús que cree en ___». Con frecuencia, nuestro «atascamiento» se convierte en nuestra identidad. Nos da miedo seguir adelante porque, ¿quiénes somos sin nuestro problema, nuestro dolor

o nuestra enfermedad? Pero como dice Max: «[Jesús] cree que puedes levantarte, comenzar y seguir adelante. Eres más fuerte de lo que piensas». ¿Crees esto sobre ti? Sí o no, ¿por qué?

9. Como el viudo del que Max escribe al final de este capítulo, escribe algunos de tus «no puedo» en un papel. Piensa en tu lista.
   - ¿Desde cuándo algunos de estos «no puedo» han sido parte de tu vida?
   - ¿Cuántos de ellos tienes el poder de cambiar?
   - ¿Cuántos de ellos tienes miedo de cambiar?
   - Ahora, entierra, quema o bota tu lista. Haz algo que simbolice físicamente que tus «no puedo» ya no te detendrán. Puedes entregárselos a Dios.

CAPÍTULO 5

Podemos solucionar esto

1. ¿Qué problema pequeño o rutinario puede abrumarte o frustrarte fácilmente? ¿El tráfico? ¿Los montones de ropa sucia? ¿Un buzón de correos electrónicos lleno?
   - ¿Cómo respondes normalmente cuando enfrentas este escenario abrumador?
   - ¿Qué tiene esta situación que te abruma?
   - ¿Qué estrategias has usado en el pasado para contrarrestar una situación abrumadora?
   - Piensa en un problema serio en tu vida que te está abrumando en este momento.

2. En este capítulo leemos sobre el milagro de Jesús en el que alimenta a cinco mil personas. Max señala que si bien se habían reunido cinco mil hombres aquel día, esto no incluye a las mujeres ni a los niños, lo que significa que la multitud pudo haber alcanzado quince mil personas.
   - ¿Cuál es la cantidad máxima de personas a la que has alimentado? ¿O cuál es la celebración más grande en la que has participado donde sirvieron alimentos?

- Haz una lista de los pasos que piensas que harían falta para planificar y alimentar a una gran multitud.
- Ahora imagínate que tuvieras que alimentar a quince mil personas. ¿Cuánto trabajo, dinero y cuánta planificación adicional esto requeriría?

3. En Juan 6.5 Jesús le preguntó a Felipe: «¿Dónde vamos a comprar pan para que coma esta gente?».

   Felipe respondió: «Ni con el salario de ocho meses podríamos comprar suficiente pan para darle un pedazo a cada uno» (v. 7).

   Andrés respondió: «Aquí hay un muchacho que tiene cinco panes de cebada y dos pescados, pero ¿qué es esto para tanta gente?» (v. 9).

   - ¿Por qué piensas que Felipe respondió como lo hizo?
   - ¿Por qué piensas que Andrés respondió como lo hizo?
   - Si Jesús sabía lo que iba a ocurrir, ¿por qué crees que hizo esta pregunta?
   - ¿Qué indican las respuestas de los discípulos sobre su compresión del poder de Jesús?

4. Andrés y Felipe hablaron de distintos obstáculos que enfrentaban para tratar de alimentar a esa gran multitud en Galilea.
   - ¿De qué obstáculo habló Andrés?
   - ¿De qué obstáculo habló Felipe?
   - ¿Qué obstáculos estás enfrentando en tu situación abrumadora?

- ¿Qué hay que quitar del camino para que puedas vencer estos obstáculos?
- ¿Crees que tienes algún poder sobre estos obstáculos? Sí o no, ¿por qué?

5. Sobre los discípulos dudosos, Max dice: «Contaron a la gente hambrienta, el dinero en la cartera y la cantidad de pan y peces. Lo que no contaron, sin embargo, fue a _____» (p. 53). Llena el espacio en blanco.
   - Aunque los discípulos conocían a Jesús, creían en él y lo habían visto hacer milagros, ¿por qué crees que no acudieron a Cristo para la solución en esta situación?
   - Piensa en un momento cuando acudiste a Cristo para encontrar una solución a un problema agobiante. Explica el problema y la solución.

6. Lee Juan 6:11-13.
   - ¿Cómo suplió Jesús las necesidades de la multitud?
   - ¿Cuánto pudo comer todo el mundo?
   - ¿Qué te dice sobre Jesús y este milagro el que haya sobrado comida?

7. Max dice que este milagro prueba que «Lo que no podemos hacer, ¡Cristo sí puede hacerlo! Los problemas que enfrentamos son las oportunidades para que Cristo pruebe este punto» (p. 54).
   - ¿Qué opinas sobre esta aseveración?

- ¿Cristo ha solucionado alguno de tus problemas en el pasado de una manera en que no habrías podido hacerlo por ti mismo? Si es así, ¿cómo lo hizo?
- ¿Crees que puede solucionar hoy tu problema? Sí o no, ¿por qué?

8. Creer que Cristo solucionará tu problema requiere creatividad, igual que con toda solución de problemas. Requiere que veas las cosas no simplemente como están, sino también como podrían estar. Haz un ejercicio de creatividad con cualquier situación o problema agobiante que estés enfrentando hoy día. Abajo, haz una lista de todos los posibles resultados que hoy parecen imposibles. Haz una lista de todo lo bueno, productivo y positivo que podría ocurrir como resultado de tu problema. No importa que parezca una locura: un cuerpo sanado, una relación reconciliada, un nuevo empleo que te guste. Simplemente escríbelo, y abre tu corazón y tu mente a lo que es posible por medio de Jesús.

CAPÍTULO 6

Yo soy, y estoy contigo en la tormenta

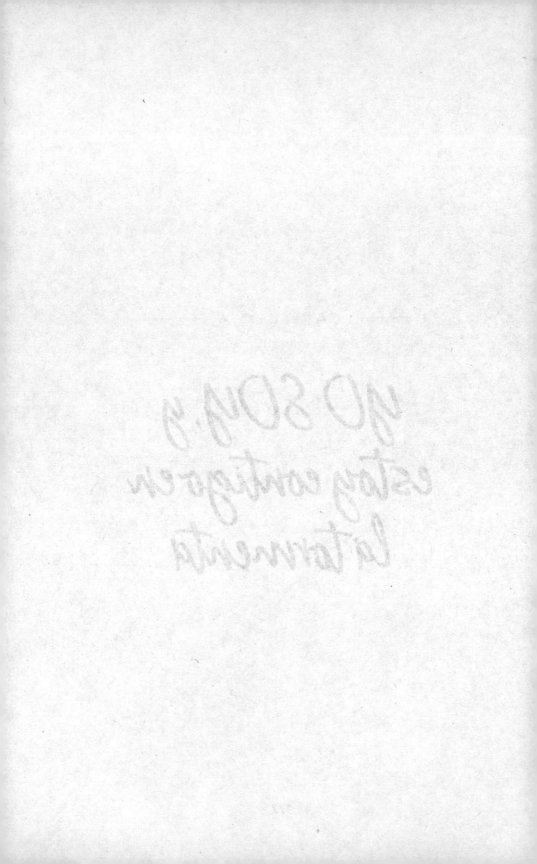

1. Max comienza este capítulo con una dolorosa historia de abuso de su niñez. Cuando tomó la Santa Cena aquella noche en su cocina, ¿qué le dio un sentido de paz?
   - ¿Has sentido la presencia de Dios durante un momento oscuro?
   - Si es así, ¿cómo supiste que era la presencia de Dios y cómo te hizo sentir su presencia?
   - Si no has buscado la presencia de Dios durante un momento oscuro, ¿adónde acudiste por ayuda? ¿Qué impidió que buscaras la ayuda de Dios?

2. Llena el espacio en blanco: «Jesús se acerca a nosotros en _____ del torrencial» (p. 62). El milagro del que habla este capítulo prueba esto, literalmente. Lee Juan 6:14-17.
   - ¿Qué estaban haciendo los discípulos en estos versículos?
   - ¿Dónde estaba Jesús?

3. Ahora, lee Juan 6:18-19. ¿Qué tan lejos de la orilla habían remado los discípulos cuando vieron que Jesús se acercaba?

Según Mateo 14:24 (RVR1960) los discípulos habían remado hasta el medio del mar de Galilea. No había vuelta atrás para llegar a salvo a la orilla. Tenían que quedarse en la tormenta o esperar que pudieran llegar al otro lado.

- ¿Qué tormentas has sobrevivido?
- ¿Cómo te sentiste en medio de ellas?
- ¿Cómo, al final, estas tormentas se calmaron?
- Quizás estés en una tormenta ahora mismo. ¿Cuál es la fuente de tu tormenta? ¿Estás, como los discípulos, en medio de un lago y te sientes indefenso mientras el mar ruge a tu alrededor? ¿O esta tormenta acaba de empezar? ¿O las aguas están comenzando a calmarse?

4. Max señala tres aspectos con los que luchamos en una tormenta: demasiado lejos de la orilla (la solución), demasiado tiempo en la lucha y demasiado pequeños contra las olas (el problema). ¿Con cuál de estos has luchado anteriormente o estás luchando hoy día en tu tormenta?

5. Juan 6.19 dice: «Vieron que Jesús se acercaba a la barca, caminando sobre el agua, y se asustaron»: Ponte en esta escena. Imagínate que eres un discípulo y que estás tratando de remar hasta un lugar seguro. ¿Cómo te sentirías en una barca pequeña, en medio de un lago inmenso, en medio de una tormenta?

   Ahora imagina que ves a tu amado maestro. Pero no está ni en la barca ni en la orilla. Está sobre el agua. Caminando.

   - ¿Qué mezcla de emociones sentirías al ver a Cristo en este momento?

- ¿Qué tipo de pensamientos cruzarían tu mente? ¿Por qué?

6. Como Jesús anticipaba la confusión de los discípulos, se anunció diciendo: «No tengan miedo, que soy yo» (Juan 6:20).
   - ¿Cuál dice Max que es la traducción literal de «YO SOY»? (Ver p. 65).
   - ¿Por qué esto es importante?
   - ¿Qué les dijo Jesús a los discípulos justo después de decirles quién era?
   - ¿Cómo crees que se sintieron los discípulos cuando Jesús les dijo que no tuvieran miedo?

7. ¿Cuál dice Max que es nuestra necesidad más grande durante una tormenta? (Ver p. 65). ¿Estás de acuerdo con esto? Sí o no, ¿por qué?

8. Lee Juan 6:21. ¿Qué ocurrió cuando los discípulos recibieron a Jesús en su barca?

9. Max sugiere un escenario interesante en la página 66. Imagínate dándole la bienvenida a Jesús en un periodo turbulento de tu vida. ¿Qué vería Jesús? ¿Qué crees que diría o haría?
   - ¿Le has pedido alguna vez a Jesús que se una a ti en tu tormenta?
   - Si es así, ¿cómo la presencia de Jesús alteró tu caos, desesperanza o dolor?

- ¿Has vacilado en invitar a Jesús a estar contigo en tus momentos y etapas difíciles?
- ¿Qué necesitas creer sobre Jesús, su carácter o su poder para recibirlo en tu tormenta?

10. Max cuenta la historia de Katherine Wolf, una exmodelo que sufrió un derrame cerebral masivo que la dejó severamente debilitada. Aunque todavía lucha con su salud, ella encontró a Dios en su tormenta, y su corazón y su mente son más fuertes que nunca. Si las circunstancias de tu tormenta fueran las mismas, pero le dieras la bienvenida a Cristo en medio de ellas, ¿cambiaría algo para ti? Si es así, ¿qué?

11. Lee otra vez Isaías 43:1-3, 5 en la página 66. ¿Cuál de las promesas hechas en estos versículos necesitas más hoy día? ¿Por qué?

CAPÍTULO 7

Él da vista a los ciegos

1. Si comparas con los otros milagros que Juan registra y que has leído hasta aquí, ¿en qué se diferencia la manera en que Juan escribió la historia del milagro que se discute en este capítulo? ¿Por qué piensas que Juan hizo esto?

2. Llena los espacios en blanco: «Lo que hizo físicamente por el mendigo ciego, Jesús quiere hacerlo __________ por todo el mundo: devolvernos la _____» (p. 74).
   - ¿Has experimentado este tipo de vista espiritual? ¿Quizás cuando te convertiste o entendiste una verdad más profunda sobre Jesús? Si es así, describe cómo fue ese momento.
   - ¿Qué no habías visto hasta ese punto?
   - ¿Cuál fue tu experiencia al ver de una manera distinta?
   - Tal vez no hayas vivido esto en tu fe, pero sí en otro aspecto de tu vida. ¿Alguna vez has llegado a comprender algo o a alguien de una forma más profunda y esto abrió tus ojos? Si es así, explica cómo fue la experiencia.

- ¿Qué se necesitó para que vieras claramente?
- ¿Cómo esa experiencia puede guiarte a una fe más profunda?

3. Lee Juan 9:1-2. ¿Cuál es la diferencia entre la manera en que los discípulos vieron al ciego y cómo Jesús lo vio? Max explica que esta diferencia nos presenta la primera lección que podemos aprender de este milagro. ¿Cuál es la lección?

4. Lee Juan 9:3-7. ¿Cómo Jesús sanó al ciego?
   - ¿Por qué crees que decidió sanarlo de esta manera?
   - ¿Qué «momentos embarrados» —lecciones difíciles que te llevaron a comprender mejor— has experimentado en tu vida?
   - ¿Cómo te sentiste mientras tenías el barro metafórico en tus ojos?
   - ¿Cómo te sentiste cuando lo removieron?
   - ¿Por qué piensas que Dios nos enseña de esta manera?
   - Quizás estés en un «momento embarrado» ahora mismo. ¿Qué piensas que Jesús podría estar tratando de revelarte?

5. Jesús continuó su milagro de sanidad pidiéndole al ciego que se lavara la cara en el estanque de Siloé (Juan 9:7). Max señala que, para un ciego, caminar hasta el estanque debió haber sido difícil (p. 78). ¿Por qué crees que el ciego lo hizo de todas maneras?
   - ¿Alguna vez Dios te ha pedido que hagas algo difícil y no sabías por qué?

- Si es así, ¿obedeciste o te resististe? ¿Cuál fue el resultado?
- ¿Qué te dice esta parte de la historia sobre el carácter del ciego?

6. Lee Juan 9:13-20. ¿Cómo respondieron los fariseos a la sanidad del ciego?
   - ¿Cómo respondió el ciego a los fariseos?
   - Cuando tus ojos se abrieron espiritualmente, ¿hubo en tu vida alguna persona escéptica sobre tu nueva visión o comprensión del mundo?
   - Si es así, ¿por qué crees que estaban escépticos?
   - ¿Cómo te hicieron sentir sus dudas? ¿Qué dijiste, si algo, para defender tu experiencia y a ti mismo?

7. Al final, los fariseos expulsaron al ciego de la sinagoga. Esto era significativo y habría afectado la capacidad del ciego para adorar en su comunidad. ¿Por qué piensas que los fariseos llegaron a este extremo?
   - ¿Recuerdas algún ejemplo de un líder en la iglesia que haya rechazado a alguien por decirle una verdad que fuera incómoda o amenazante para él o ella?
   - ¿Por qué a veces la verdad se siente ofensiva?

8. Lee Juan 9:35-41. Al final, ¿cómo este milagro afectó al ciego más allá de devolverle la vista físicamente?
   - A pesar de que lo expulsaron de su comunidad religiosa por hablar sobre el poder de Jesús, el ciego habló con Jesús cuando este lo encontró, y creyó en Jesús como el Hijo de Dios. ¿Por qué piensas que creyó en Jesús?

- De acuerdo con Jesús en el versículo 41, ¿qué hacía culpables a los fariseos?
- ¿Has sido culpable de afirmar que entendías algo solo para darte cuenta más tarde de que no entendías? Si es así, ¿qué malinterpretaste? ¿Qué o quién abrió tus ojos?
- ¿Está Dios retándote hoy acerca de algo en tu vida? Quizás pienses que entiendes algo o a alguien, pero Dios te está empujando hacia una comprensión más profunda o diferente. Explica. ¿Podrías pedirle a Dios que te ayude a entender esto a través de la perspectiva de Cristo?

9. De las lecciones que aprendiste de este milagro, ¿cuál es la más útil para ti hoy? ¿Por qué?

CAPÍTULO 8

La voz que vacía tumbas

1. La muerte es una realidad que afecta a todo el mundo. Cuando piensas en la muerte, ¿cuál es tu perspectiva? ¿Le tienes miedo? ¿Te niegas a aceptarla? ¿Estás en paz con ella? ¿Sientes curiosidad por ella? ¿Estás tratando de vencerla? ¿Por qué?

2. ¿Ha fallecido alguna persona cercana a ti? Si es así, ¿cómo esto afectó tu actitud y tus pensamientos sobre la muerte? ¿Te hizo reflexionar en tu muerte futura?

3. Lee Juan 11:1-6.
   - ¿Cómo María y Marta se refirieron a Lázaro en su mensaje a Jesús?
   - ¿Qué crees que ellas estaban esperando que Jesús hiciera en respuesta a su mensaje?
   - ¿Qué hizo en su lugar?
   - ¿Cuál fue la razón de Jesús para su acción?

4. ¿Alguna vez le has pedido a Dios que hiciera algo —que sane a alguien, que cambie tus circunstancias, u otra cosa— y no lo hizo?
   - ¿Cómo te hizo sentir esto en relación con tus circunstancias?
   - ¿Cómo te hizo sentir esto en relación con Dios?

5. Lee Juan 11:11-15. Jesús sabía lo que estaba ocurriendo con Lázaro. Lo que impidió que Jesús lo visitara antes no fue la ignorancia. A Jesús no le sorprendió la muerte de Lázaro. ¿Cómo piensas que Jesús se sintió al permitir que su querido amigo falleciera cuando pudo haberlo evitado?
   - ¿Qué te dice esto sobre el propósito y la importancia de este milagro?
   - ¿Qué te dice esto sobre las circunstancias por las que estás orando sin haber recibido una respuesta todavía?

6. Juan 11:20 dice: «Cuando Marta supo que Jesús llegaba, fue a su encuentro; pero María se quedó en la casa». ¿Por qué María se quedaría en la casa en vez de salir a recibir a Jesús?
   - ¿Qué habrías hecho si fueras María o Marta?
   - ¿Ha contestado Jesús a alguna de tus oraciones con una respuesta que te ha parecido inadecuada y demasiado tarde? ¿Por qué has estado orando y cómo esperabas que Jesús te contestara?
   - ¿Afectó tu fe la respuesta de Jesús? Si es así, ¿de qué manera?

7. Lee Juan 11:28-33. ¿Qué le dijo María a Jesús cuando finalmente llegó adonde él (v. 32)?
   - ¿Qué piensas de las palabras de María a Jesús?
   - ¿Cómo Jesús le contestó a María?
   - ¿Crees que Jesús estaba enojado?
   - Cuando lees que Jesús lloró, ¿qué te revela esto sobre la profundidad de su compasión por ti?
   - ¿Qué te dicen las emociones de Jesús en estos versículos sobre quién él era y es?

8. Max describe el momento en que Jesús le dijo a Lázaro que saliera de la tumba como una orden, no una invitación (p. 91). ¿De qué manera este momento demuestra el poder de Jesús?

9. Max señala que además del poder de Jesús para resucitar a los muertos, este milagro nos hace otra promesa. ¿Cuál es? (Ver p. 93).

10. Nos describen a Lázaro como un «amigo querido» de Jesús. Tal vez no pienses que Jesús también te considere como su amigo querido, pero lee los versículos a continuación que describen nuestra relación con Dios por medio de Cristo:

    1 Pedro 2:9: «Pero ustedes son linaje escogido, real sacerdocio, nación santa, pueblo que pertenece a Dios, para que proclamen las obras maravillosas de aquel que los llamó de las tinieblas a su luz admirable».

Efesios 2:10: «Porque somos hechura de Dios, creados en Cristo Jesús para buenas obras, las cuales Dios dispuso de antemano a fin de que las pongamos en práctica».

Romanos 8:15-17: «Y ustedes no recibieron un espíritu que de nuevo los esclavice al miedo, sino el Espíritu que los adopta como hijos y les permite clamar: "*¡Abba!* ¡Padre!". El Espíritu mismo le asegura a nuestro espíritu que somos hijos de Dios. Y, si somos hijos, somos herederos; herederos de Dios y coherederos con Cristo, pues, si ahora sufrimos con él, también tendremos parte con él en su gloria».

- Subraya cada palabra que describa cómo Dios nos ve.
- ¿Cuál de estas descripciones te cala más hondo? ¿Por qué?
- ¿Cuál de estas descripciones te cuesta trabajo creer sobre ti mismo? ¿Por qué?
- Como Jesús resucitó a su amigo querido Lázaro de los muertos, ¿cuán deseoso piensas que él está de incluirnos —a la hechura, hijos y herederos de Dios— un día en la resurrección?

11. Jesús hizo una proclamación atrevida y una pregunta incisiva en Juan 11:25-26: «Yo soy la resurrección y la vida. El que cree en mí vivirá aun después de haber muerto. Todo el que vive en mí y cree en mí jamás morirá. ¿Lo crees, Marta?» (NTV). Sustituye el nombre de Marta por el tuyo. ¿Crees esto? Sí o no, ¿por qué?

CAPÍTULO 9

Completamente pagado

1. Antes de leer este capítulo, ¿qué sabías sobre la crucifixión de Cristo? ¿Cuál creías que era el propósito de la muerte de Jesús en la cruz?

2. ¿Por qué Max dice que la crucifixión cualifica como un milagro?

3. Las últimas palabras de Jesús desde la cruz fueron: «Todo se ha cumplido» (Juan 19:30). La palabra griega traducida como «todo se ha cumplido» es *tetelestai*. ¿Por qué es significativo que Jesús haya usado esa palabra en particular en este contexto?

4. Max plantea la pregunta: «¿Qué se había cumplido exactamente?» (Ver p. 104). ¿Cómo contestarías esto?

5. ¿Qué pecado o circunstancia de tu pasado todavía te hace sentir culpable o avergonzado? ¿Por qué esta culpa o vergüenza es tan grande?

6. Después de citar Hebreos 10:14 («Porque con un solo sacrificio [Cristo] ha hecho perfectos para siempre a los que está santificando»), Max dice: «No hace falta ninguna otra ofrenda. El cielo no espera ningún sacrificio adicional» (p. 103).
   - ¿Qué pensamientos vienen a tu mente cuando lees esas palabras?
   - ¿Crees completamente en el poder del sacrificio final de Jesús?
   - ¿Acaso la manera en que te sientes sobre tu propio pecado refleja esta creencia? Sí o no, ¿por qué?

7. Es fácil olvidar la promesa «todo se ha cumplido». Con frecuencia, tratamos de ganarnos nuestro perdón presentando nuestros propios sacrificios. ¿Lo has hecho alguna vez? Si es así, ¿has tratado de presentar tus propios sacrificios por tu pecado y tus errores?

8. A algunas personas se les dificulta aceptar el sacrificio expiatorio de Cristo. La culpa estorba la aceptación. ¿Has aceptado sin reparos este regalo o la culpa está impidiendo que aceptes «el gran milagro de la misericordia»?

9. Lee los siguientes versículos:

   1 Corintios 6:18: «Huyan de la inmoralidad sexual. Todos los demás pecados que una persona comete quedan fuera de su cuerpo; pero el que comete inmoralidades sexuales peca contra su propio cuerpo».

Gálatas 5:19-21: «Las obras de la naturaleza pecaminosa se conocen bien: inmoralidad sexual, impureza y libertinaje; idolatría y brujería; odio, discordia, celos, arrebatos de ira, rivalidades, disensiones, sectarismos y envidia; borracheras, orgías, y otras cosas parecidas. Les advierto ahora, como antes lo hice, que los que practican tales cosas no heredarán el reino de Dios».

Colosenses 3:5-7: «Por tanto, hagan morir todo lo que es propio de la naturaleza terrenal: inmoralidad sexual, impureza, bajas pasiones, malos deseos y avaricia, la cual es idolatría. Por estas cosas viene el castigo de Dios. Ustedes las practicaron en otro tiempo, cuando vivían en ellas».

- ¿Cuál es la advertencia común en estos versículos?
- ¿Te causan tensión o confusión alguno de estos versículos? Si es así, ¿cuáles y por qué?

Ahora lee los siguientes versículos:

Salmos 103:10-13: «No nos castigó como merecían nuestros pecados y maldades. Su amor por quienes lo honran es tan grande e inmenso como grande es el universo. Apartó de nosotros los pecados que cometimos del mismo modo que apartó los extremos de la tierra. Con quienes lo honran, Dios es tan tierno como un padre con sus hijos» (TLA).

Romanos 8:38-39: «Pues estoy convencido de que ni la muerte ni la vida, ni los ángeles ni los demonios, ni lo presente ni lo por venir, ni los poderes, ni lo alto ni lo profundo, ni cosa alguna en toda la creación podrá apartarnos del amor que Dios nos ha manifestado en Cristo Jesús nuestro Señor».

Romanos 6:6-7: «Sabemos que nuestra vieja naturaleza fue crucificada con él para que nuestro cuerpo pecaminoso perdiera su poder, de modo que ya no siguiéramos siendo esclavos del pecado; porque el que muere queda liberado del pecado».

- ¿Cuál es el tema común en estos versículos?
- ¿Cómo hacemos el balance entre aceptar el perdón absoluto por nuestros pecados mientras seguimos esforzándonos por no pecar, tal como nos anima la Biblia que hagamos?

10. Regresa a tu respuesta de la pregunta 5. ¿Te sientes diferente en relación con este pecado, error o circunstancia a la luz de una mejor comprensión sobre la crucifixión? Si es así, ¿cómo? Si no, ¿por qué?

11. Max cuenta la historia de la primera vez que su nieta, Rosie, vio el océano. Ella le preguntó cuándo el océano se apagaba. Max le contestó: «No se apaga, cariño». Si de verdad creyeras que la gracia de Dios es eterna como las olas del mar, ¿cómo esto afectaría tu vida?
    - ¿Cómo cambiaría tu manera de interactuar con otros?
    - ¿Cómo podría cambiar la manera en que te ves a ti mismo?

CAPÍTULO 10

Vio y creyó

1. ¿Cuál de las siguientes opciones describe mejor tu fe y a ti hoy día? ¿Por qué? (Ninguna respuesta es incorrecta).

   Creyente ferviente: Eres un firme creyente en Jesús como el Hijo de Dios, quien fue crucificado, enterrado, y resucitó a una nueva vida.

   Escéptico esperanzado: No estás completamente seguro en relación con Jesús, pero estás buscando y te sientes esperanzado en la fe y la espiritualidad.

   No creyente: Jesús es un personaje histórico respetado, pero no resucitó de los muertos.

2. Al principio de este capítulo, Max confiesa que en un tiempo dudó de la resurrección de Cristo. Si te consideras un «creyente ferviente», ¿has dudado alguna vez de esto o de otra cosa sobre la fe cristiana? Si es así, ¿de qué has dudado y por qué?

   Si te identificas como un escéptico esperanzado, ¿qué dudas sobre la historia de Jesús y por qué?

3. En tu fe o tradición religiosa, ¿era aceptable tener dudas?
    - ¿Cómo estos sentimientos y dudas afectaron tu jornada de fe?
    - ¿Crees que es correcto dudar de tu fe o que otros lo hagan? Sí o no, ¿por qué?

4. Lee Juan 19:38-41. ¿Cómo prepararon el cuerpo de Jesús? ¿Dónde colocaron su cuerpo?

5. Ahora lee Juan 20:1-8. ¿Qué encontraron Juan y Pedro en el sepulcro? ¿Por qué esto es significativo?

6. ¿Cuál fue el primer momento en el que Juan creyó que Jesús había resucitado de los muertos? (Ver Juan 20:8).
    - ¿Por qué Juan creyó que Jesús había resucitado, aunque todavía no había visto a Jesús vivo?
    - ¿Qué evidencia tenía Juan de que Jesús estaba vivo?

7. ¿En qué momento creíste por primera vez en la resurrección de Jesús?
    - ¿Qué hizo que creyeras? ¿Evidencia? ¿Fe? ¿Ambas?
    - ¿Qué significó para ti comenzar a creer?
    - ¿Cómo te cambió esta creencia?
    - ¿Cómo te sentiste cuando comenzaste a creer?

8. ¿Cuántas veces Juan usa el verbo *creer* en su evangelio?
    - ¿Por qué crees que lo usó tantas veces?

- Max dice: «*Creer* significa más que una simple creencia. Significa ____________ y ____________» (p. 114). Llena los espacios en blanco.
- ¿Dirías que crees en la resurrección de esta manera? Sí o no, ¿por qué?

9. ¿Por qué creer en la resurrección de Cristo es tan importante para la fe cristiana?
   - ¿Consideras que la resurrección es central en lo que crees? Sí o no, ¿por qué?
   - ¿Crees que es posible ser cristiano, pero no creer en la resurrección? Sí o no, ¿por qué?
   - Primera de Corintios 15:17 dice: «Si Cristo no resucitó, la fe de ustedes no vale para nada: todavía siguen en sus pecados» (DHH). ¿Por qué es así? ¿Sientes algún punto de tensión con este versículo?

10. ¿Qué evidencia adicional Max sugiere para la verdad de la resurrección? (Ver p. 115).
    - ¿Por qué el número de testigos de la muerte y resurrección de Cristo es tan importante?
    - Piensa en que, a lo largo de los años, la historia se ha registrado a través del relato de testigos y la documentación. Creemos lo que leemos en los libros de historia. ¿Qué impide que nosotros, u otros, crean lo que la Biblia dice sobre la resurrección?
    - ¿Hay alguna diferencia entre creer la historia que te enseñaron en la escuela y creer en la resurrección de Cristo? Si es así, ¿cuál es la diferencia?

11. Juan vio por primera vez al Cristo resucitado la noche en que él resucitó: Lee Juan 20.19-22.
    - ¿Cuáles fueron las primeras palabras de Jesús a los discípulos?
    - ¿Qué les mostró?
    - ¿Cómo hizo sentir esto a los discípulos?
    - Después de ver la tumba vacía y el sudario, ¿qué crees que Juan estaba probablemente pensando y sintiendo en ese momento?

12. Max escribe: «La fe no es la ausencia de duda. La fe es simplemente la disposición para seguir haciendo las preguntas difíciles» (p. 118). ¿Qué preguntas difíciles necesitas hacerle a Dios hoy día? Quizás tengas algunas preguntas sobre la resurrección o tal vez sobre algo que está ocurriendo en tu vida. O es posible que tengas algunas dudas sobre otras áreas de tu fe. Sea lo que sea, preséntale al Padre tus preguntas y dudas. Preséntaselas sin vergüenza ni miedo, porque él entiende y quiere escucharte.

CAPÍTULO 11

Desayuno con Jesús

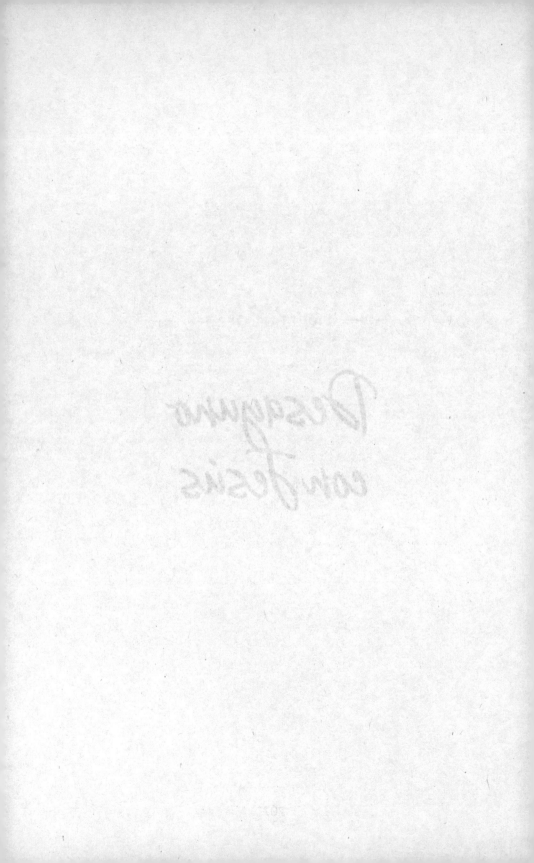

1. ¿Le has hecho alguna promesa a un ser querido y no la cumpliste?
   - ¿Qué promesa no cumpliste?
   - ¿Cómo respondió tu ser querido ante la promesa incumplida?
   - Si él o ella te perdonó, ¿cómo esto cambió la relación entre ustedes?
   - Si él o ella se resintió contigo, ¿hubo alguna acción o cambio?

2. Todos hemos lastimado a alguien en nuestras vidas. Y todos hemos lastimado a Dios. Como Max escribe: «Nosotros, también, nos hemos caído de bruces, nos hemos golpeado duro y nos hemos caído lo suficiente como para cuestionarnos cómo, en nombre de Dios, Dios nos nombra suyos. No estoy hablando de metidas de pata insignificantes [...] Estoy sacando a la luz los momentos tipo Jonás en los que le damos la espalda a Dios, momentos tipo Elías en los que huimos de Dios, momentos tipo Jacob en los que nos atrevemos a exigirle a Dios» (p. 123).

- Cuando lees esto, ¿qué recuerdas sobre un momento en que te caíste y te golpeaste duro?
- ¿Cómo crees que Dios se siente acerca de este suceso o tiempo en tu vida?

3. Max describe la relación de Pedro y Jesús como una amistad del tipo Montaña Rocosa. Lee Lucas 5:1-11.
   - ¿Cómo comenzó la relación entre Pedro y Jesús?
   - ¿Cómo Pedro reaccionó ante Jesús en el versículo 8?
   - ¿Qué hacen Pedro y los otros discípulos en el versículo 11?
   - ¿Cómo describirías la relación de Pedro con Jesús, según este pasaje?
   - Describe alguna época, si alguna, en la que tu relación con Jesús era como esta... nueva, emocionante y real, tan real que estabas dispuesto a hacer cualquier cosa por él.

4. Lee Marcos 14:27-31.
   - ¿Qué le prometió Pedro a Jesús en este pasaje?
   - ¿Piensas que Pedro estaba hablando en serio? Sí o no, ¿por qué?
   - ¿Cómo describirías la relación de Pedro con Jesús, según este pasaje?
   - ¿Alguna vez le has hecho una promesa similar a Jesús? Si es así, ¿qué le prometiste y por qué lo hiciste?

5. Lee Marcos 14:66-72.
   - ¿Por qué crees que Pedro negó su relación con Jesús?

- ¿Qué hizo Pedro después que el gallo cantó y Pedro se acordó de las palabras de Jesús?
- ¿Alguna vez no has cumplido una promesa que le hiciste a Jesús? ¿Quizás la misma promesa que mencionaste en la pregunta 4?
- ¿Cómo te sentiste cuando te diste cuenta de que no habías cumplido tu promesa?

6. En Marcos 16:7, el ángel del Señor mencionó a Pedro por nombre, y solo a Pedro, entre los discípulos. Max dice: «Es como si todo el cielo hubiera visto a Pedro caer. Ahora todo el cielo quería ayudarlo a pararse».
   - ¿Qué te dice esto sobre Jesús y de sus sentimientos hacia Pedro?
   - ¿Qué te dice esto sobre lo que Jesús siente por ti?

7. Lee Juan 21:1-9.
   - ¿Qué semejanzas hay entre la historia de este milagro y la historia en Lucas 5:1-11?
   - Ahora lee Juan 21:15-17. ¿Qué paralelos hay entre esta conversación y cuando Pedro niega a Cristo en Marcos 14:66-72?
   - ¿Cuál piensas que es la importancia de estas semejanzas en las Escrituras?
   - ¿Qué dicen sobre la relación de Pedro con Jesús?

8. Entre todos los escenarios de Pedro que acabas de leer, ¿cuál de ellos te cala más hondo hoy?

- ¿Eres un nuevo creyente, dispuesto a sacrificar todo por Jesús?
- ¿Le hiciste una promesa a Jesús?
- ¿No cumpliste esa promesa y ahora estás lidiando con la vergüenza?
- ¿O recientemente has sentido el profundo perdón de Cristo y una relación restaurada con él?
- Independientemente de dónde estés hoy día, ¿cómo te gustaría que fuera tu relación con Jesús?

9. Max cuenta sobre una ocasión en que su esposa lo perdonó. ¿Qué mensaje de perdón necesitas que Jesús escriba en tu espejo?

10. Los deberes de Pedro no habían terminado. Jesús le pidió: «Apacienta mis corderos [...] Cuida de mis ovejas [...] Apacienta mis ovejas» (Juan 21:15-17).
    - ¿Qué terminó haciendo Pedro para Cristo? (Ver p. 132).
    - ¿Has dejado que tu fracaso impida que creas que puedes continuar trabajando para Cristo?
    - Si es así, ¿qué crees que ya no estás preparado para hacer?
    - Si sientes que Jesús te ha perdonado completamente, ¿qué te gustaría hacer en su nombre?

11. Max señala que Jesús le ofreció perdón a Pedro, pero Pedro tenía que dar su paso. Pedro fue a Galilea, se lanzó al agua y nadó hasta la orilla, y habló con Jesús. ¿Necesitar dar hoy un paso hacia Jesús? Si es así, ¿cómo sería ese paso para ti?

CAPÍTULO 12

Cree, simplemente cree

1. Juan registró la razón para su evangelio y para contar sobre las señales y maravillas de Cristo: «Pero estas se han escrito para que ustedes crean que Jesús es el Cristo, el Hijo de Dios, y para que al creer en su nombre tengan vida» (Juan 20:31). ¿Cómo el estudio de los milagros de Jesús afectó tu forma de creer en él como el Hijo de Dios resucitado?

2. ¿Qué verdad o promesa descubriste en cada uno de los siguientes milagros? ¿Cuál parece relacionarse más con tu vida en este momento?

   Cuando Jesús convirtió el agua en vino:
   Cuando sanó al hijo del funcionario de gobierno:
   Cuando sanó al paralítico:
   Cuando sanó al ciego:
   Cuando caminó sobre el agua:
   Cuando alimentó a los cinco mil:
   Cuando resucitó a Lázaro de los muertos:
   Cuando cumplió su obra de redención en la cruz:
   Cuando su cuerpo fue resucitado:

Cuando multiplicó los peces en la red de los discípulos y le dio a Pedro una segunda oportunidad:

3. Max escribe: «El mensaje de los milagros es el Hacedor de milagros mismo. Él quiere que sepas que nunca estás solo. Nunca te falta su ayuda, esperanza o fuerza. Eres más fuerte de lo que piensas porque Dios está más cerca de lo que puedes imaginar» (p. 142). De los milagros mencionados arriba, ¿cuál te hace sentir más seguro de esta promesa? ¿Por qué?

4. Max cuenta la conmovedora historia de Luke, de cuando encestó la bola en un juego de baloncesto después que sus compañeros de equipo, y hasta los del equipo contrario, le tiraron la bola una y otra y otra vez.
   - ¿Cómo nos parecemos a Luke en este escenario?
   - Piensa en la semana pasada. ¿Viviste algún milagro, pero lo pasaste por alto en el momento? Si es así, ¿cuál fue el milagro?
   - ¿Qué milagros han experimentado otros a tu alrededor que no has visto como milagros?
   - ¿Por qué nos cuesta trabajo ver los milagros que ocurren a nuestro alrededor todos los días?
   - ¿Por lo general llamas a esos sucesos milagros u otra cosa, como una coincidencia o un golpe de suerte? ¿Por qué?

     ¿Qué te dicen estos milagros en tu vida —grandes o pequeños— sobre Dios y su presencia?

5. Max hace una lista de varios pasajes en las Escrituras que nos aseguran que Dios está cerca de nosotros (p. 142). ¿Cuál de estos pasajes necesitas creer más hoy día y por qué?

6. La primera pregunta en el primer capítulo de estas preguntas para reflexionar fue: «¿Qué piensas sobre los milagros?». ¿Cambió tu respuesta de alguna manera o se quedó igual? Explica el porqué.

7. ¿Qué dudas tienes todavía sobre los milagros, ya sea en tu vida personal o acerca de los milagros que registra el evangelio de Juan?
   - ¿Por qué tienes estas dudas específicas?
   - ¿Qué necesitarías ver o experimentar para superar esas dudas?

8. La promesa principal de este libro es el título: *Nunca estás solo*. ¿Cómo esta promesa puede cambiarte a ti, tu vida, tu fe y tus relaciones?

9. Preséntale al Padre tus pensamientos, preguntas, oraciones o preocupaciones finales. Si necesitas un milagro en tu vida, pídelo. Si necesitas más fe, pídela. Si necesitas perdón, pídelo. Si necesitas saber que nunca estás solo, pídele a Dios que te permita sentir la paz y la plenitud de su eterna presencia.

Notas

Capítulo 1

1. «The "Loneliness Epidemic"», https://www.hrsa.gov/enews/past-issues/2019/january-17/loneliness-epidemic; Julianne Holt-Lunstad, PhD, «The Potential Public Health Relevance of Social Isolation and Loneliness: Prevalence, Epidemiology, and Risk Factors», Public Policy & Aging Report, vol 27, número 4, 2017, pp. 127-130, https://doi.org/10.1093/ppar/prx030, published January 2, 2018; «Friends are Healthy—Impact of Loneliness on Health & Cognition», https://www.themaples-towson.com/news/friends-are-healthy-impact-of-lonliness-on-health-cognition.
2. Teresa Woodard, «80 People Went to Dallas Emergency Rooms 5,139 Times in a Year—Usually Because They Were Lonely», *WFAA*, 28 mayo 2019, https://www.wfaa.com/article/features/originals/80-people-went-to-dallas-emergency-rooms-5139-times-

in-a-year-usually-because-they-were-lonely/287-f5351d53-6e60-4d64-8d17-6ebba48a01e4.

Capítulo 2

1. «Aquí es donde la fe se afirma en el ardor de la batalla... [María] no interpreta esto en su corazón como coraje, o como lo opuesto a la bondad, sino que se adhiere firmemente a la convicción de que él [Jesús] es bondadoso... está renuente a deshonrarlo en su corazón pensando que sea de otra manera sino bueno y misericordioso... Por lo tanto, el pensamiento más elevado en esta lección del evangelio, y siempre debe recordarse, es que honramos a Dios como bueno y misericordioso, aun si él actúa o habla de otra manera... Ella está segura de que él será bondadoso, aunque no lo sienta». Martín Lutero, citado en Frederick Dale Bruner, *The Gospel of John: A Commentary* (Grand Rapids, MI: Eerdmans, 2012), pp. 138-39.
2. Seis tinajas de agua de 25 galones cada una son 150 galones. Hay 128 onzas en un galón, así que 150 galones serían lo mismo que 19.200 onzas. Por lo general, una botella de vino contiene 25,4 onzas; por lo tanto, 19.200 onzas llenarían 756 botellas.

Capítulo 3

1. Bill Bryson, *A Walk in the Woods: Rediscovering America on the Appalachian Trail* (Nueva York: Random House, 1998), p. 161.
2. Zach C. Cohen, «Bill Irwin Dies at 73; First Blind Hiker of Appalachian Trail», *Washington Post*, 15 marzo 2014, https://www.washingtonpost.com/national/bill-irwin-dies-at-73-first-blind-hiker-of-appalachian-trail/2014/03/15/a12cfa1a-ab9b-11e3-af5f-4c56b834c4bf_story.html.
3. R. Kent Hughes, *John: That You May Believe* (Wheaton, IL: Crossway, 1999), p. 138.

Capítulo 4

1. Grace Murano, «10 Bizarre Stories of People Getting Stuck», Oddee, 4 abril 2011, https:// www.oddee.com/item_97665.aspx.
2. En las traducciones más recientes de este texto se ha decidido eliminar una referencia curiosa a un ángel que, de cuando en cuando, agitaba el agua. La primera persona que tocara el agua después de ser agitada era sanada. Casi todos los eruditos

evangélicos concuerdan en que un redactor o editor añadió estas palabras para explicar el porqué la gente venía al estanque. Ya sea que la frase haya estado o no en el texto original de Juan, la realidad sigue siendo que multitudes de enfermos rodeaban el estanque de Betesda: «En esos pórticos se hallaban tendidos muchos enfermos, ciegos, cojos y paralíticos» (Juan 5:3).

3. «Bethesda», BibleWalks.com, https://biblewalks.com/Sites/Bethesda.html.
4. Lee Strobel, *El caso de los milagros: Un periodista investiga la evidencia de lo sobrenatural* (Nashville, TN: Vida, 2018). Billy Hallowell, «The Real-Life Miracle That Absolutely Shocked Lee Strobel», Pure Flix.com, 24 abril 2018, pp. 103-107 https://insider.pureflix.com/movies/the-real-life-miracle-that-absolutely-shocked-lee-strobel.
5. Usado con permiso.

Capítulo 5

1. Traducción de Frederick Dale Bruner, *The Gospel of John: A Commentary* (Grand Rapids, MI: Eerdmans, 2012), p. 359.
2. Bruner, *Gospel of John*, p. 359.
3. Bruner, p. 359.
4. Génesis 41:9-14; Éxodo 2:6; 1 Samuel 17:48-49; Mateo 27:32-54.
5. «Chambers, Gertrude (Biddy) (1884-1966); Archival Collections at Wheaton College», Wheaton College, https://archon.wheaton.edu/index.php?p=creators/creator&id=198.
6. Macy Halford, «Why We're Still Reading "My Utmost for His Highest" 80 Years Later», *Christianity Today,* 9 marzo 2017, https://www.christianitytoday.com/ct/2017/march-web-only/utmost-for-his-highest-popular-devotional-reading-chambers.html.

Capítulo 6

1. Por si te interesa, el secreto del criminal salió a la luz, y fue castigado por sus acciones.
2. Katherine y Jay Wolf, *Hope Heals: A True Story of Overwhelming Loss and an Overcoming Love* (Grand Rapids, MI: Zondervan, 2016), pp. 163-65.

Capítulo 7

1. John Newton, «Sublime gracia» (la letra pertenece al dominio público).
2. Lea Winerman, «By the Numbers: An Alarming Rise in Suicide», *American Psychological Association* p. 50, no. 1 (enero 2019), https://www.apa.org/monitor/2019/01/numbers.
3. «Opioid Overdose Crisis», Instituto Nacional sobre el Abuso de Drogas, NIH, https://www.drugabuse.gov/drugs-abuse/opioids/opioid-overdose-crisis.
4. Juan 3:17; 4:34; 5:24, 30, 36; 6:29, 38, 44, 57; 7:16, 18, 28, 29, 33; 8:16, 18, 26, 29, 42; 9:4.
5. Hershel Shanks, «The Siloam Pool: Where Jesus Cured the Blind Man», *Biblical Archaeology Review* 31:5 (septiembre/octubre 2005), baslibrary.org/biblical-archaeology-review/31/5/2.
6. Lee Strobel, *El caso de los milagros* (Nashville, TN: Vida, 2018) , p. 143.
7. Tom Doyle, *Dreams and Visions: Is Jesus Awakening the Muslim World?* (Nashville, TN: Thomas Nelson, 2012), p. 127 [*Sueños y visiones: ¿Está Jesús dedicado a despertar al mundo musulmán?* (Miami, FL: Unilit, 2016)].
8. Strobel, *The Case for Miracles,* p. 148.
9. *Ibíd.*, p. 154.
10. La excepción es la sanidad de Saúl por Ananías (Hechos 9:8-18).
11. C. H. Spurgeon, *The Metropolitan Tabernacle Pulpit: Sermons Preached and Revised in 1884*, vol. 30 (Londres: Banner of Truth Trust, 1971), p. 489.

Capítulo 8

1. Frederick Dale Bruner, *The Gospel of John: A Commentary* (Grand Rapids, MI: Eerdmans, 2012), p. 664.
2. Burner, *Gospel of John*, p. 681.
3. Usado con el permiso de Russ Levenson.

Capítulo 9

1. Usado con el permiso de Kayla Montgomery.

Capítulo 10

1. Algunas versiones de la Biblia dicen alrededor de treinta y cuatro kilos. Otras versiones dicen alrededor de cien libras o entre treinta y treinta y tres kilos.
2. William Barclay, *The Gospel of John*, ed. rev., vol. 2 (Filadelfia: Westminster Press, 1975), p. 2:263.
3. Gary M. Burge, *John*, *The NIV Application Commentary* (Grand Rapids, MI: Zondervan, 2000), p. 554 [*Comentario bíblico con aplicación NVI, Juan: Del texto bíblico a una aplicación contemporánea,* (Miami FL: Vida, 2011)].
4. Edward W. Goodrick y John R. Kohlenberger III, *The NIV Exhaustive Concordance* (Grand Rapids, MI: Zondervan, 1990), pp. 127-28.
5. «Los lienzos del sudario no estaban desarreglados ni desordenados. Estaban puestos allí *todavía doblados*». Barclay, *The Gospel of John*, p. 267.
6. Arthur W. Pink, *Exposition of the Gospel of John*, vol. 1 (Grand Rapids, MI: Zondervan, 1945), p. 1077.
7. Burge, *John*, p. 554.
8. John Stott dice que el cuerpo de Cristo se «vaporizó, siendo transmutado en algo nuevo, diferente y maravilloso». John Stott, *Basic Christianity* (Downers Grove, IL: InterVarsity, 1959), p. 53.

Capítulo 11

1. Ross King, *Leonardo and the Last Supper* (Nueva York: Bloomsbury, 2012), pp. 271-73.
2. Paráfrasis.

Capítulo 12

1. Usado con permiso.
2. Usado con permiso.
3. Mark Bouman, *The Tank Man's Son: A Memoir* (Carol Stream, IL: Tyndale, 2015), pp. 316-18, 333-34.

La guía del lector de Lucado

Descubre dentro de cada libro escrito por Max Lucado palabras de aliento e inspiración que te llevarán a una experiencia más profunda con Jesús y encontrarás tesoros para andar con Dios. ¿Qué vas a descubrir?

3:16, Los números de la esperanza
...las 28 palabras que te pueden cambiar la vida.
Escritura central: Juan 3.16

Acércate sediento
...cómo rehidratar tu corazón y sumergirte en el pozo del amor de Dios.
Escritura central: Juan 7.37–38

Aligere su equipaje
...el poder de dejar las cargas que nunca debiste cargar.
Escritura central: Salmo 23

Aplauso del cielo
...el secreto a una vida que verdaderamente satisface.
Escritura central: Las Bienaventuranzas, Mateo 5.1–10

Como Jesús
...una vida libre de la culpa, el miedo y la ansiedad.
Escritura central: Efesios 4.23–24

Cuando Cristo venga
...por qué lo mejor está por venir.
Escritura central: 1 Corintios 15.23

Cuando Dios susurra tu nombre
...el camino a la esperanza al saber que Dios te conoce, que nunca se olvida de ti y que le importan los detalles de tu vida.
Escritura central: Juan 10.3

Cura para la vida común
...las cosas únicas para las cuales Dios te diseñó para que hicieras en tu vida.
Escritura central: 1 Corintios 12.7

Él escogió los clavos
...un amor tan profundo que escogió la muerte en una cruz tan solo para ganar tu corazón.
Escritura central: 1 Pedro 1.18–20

El trueno apacible
...el Dios que hará lo que se requiera para llevar a sus hijos de regreso a él.
Escritura central: Salmo 81.7

En el ojo de la tormenta
...la paz durante las tormentas de tu vida.
Escritura central: Juan 6

En manos de la gracia
...el regalo mayor de todos, la gracia de Dios.
Escritura central: Romanos

Enfrente a sus gigantes
...cuando Dios está de tu parte, ningún desafío puede más.
Escritura central: 1 y 2 Samuel

Gracia
...el regalo increíble que te salva y te sostiene.
Escritura central: Hebreos 12.15

Gran día cada día
...cómo vivir con propósito te ayudará a confiar más y experimentar menos estrés.
Escritura central: Salmo 118.24

Más allá de tu vida
...un Dios grande te creó para que hicieras cosas grandes.
Escritura central: Hechos 1

Mi Salvador y vecino
...un Dios que caminó las pruebas más difíciles de la vida y todavía te acompaña en las tuyas.
Escritura central: Mateo 16.13–16

El secreto de la felicidad
...un plan personal para descubir la alegría en cualquier época de la vida.
Escritura central: Hechos 20.35

Sin temor
...cómo la fe es el antídoto al temor en tu vida.
Escritura central: Juan 14.1, 3

Todavía remueve piedras
...el Dios que todavía obra lo imposible en tu vida.
Escritura central: Mateo 12.20

Un amor que puedes compartir
...cómo vivir amado te libera para que ames a otros.
Escritura central: 1 Corintios 13

Lectura recomendada si estás buscando por más...

Consuelo

Para estos tiempos difíciles
Él escogió los clavos
Mi Salvador y vecino
Aligere su equipaje
Saldrás de esta

Compasión

Más allá de tu vida

Valor

Enfrente a sus gigantes
Sin temor

Esperanza

3:16 Los números de la esperanza
Antes del amén
Enfrente a sus gigantes
El trueno apacible
Dios se acercó
Gracia
Esperanza inconmovible

Gozo

Aplauso del cielo
Cura para la vida común
Cuando Dios susurra tu nombre
El secreto de la felicidad

Amor

Acércate sediento
Un amor que puedes compartir
Con razón lo llaman el Salvador

Paz

Y los ángeles guardaron silencio
Ansiosos por nada
Antes del amén
En el ojo de la tormenta
Aligere su equipaje
Saldrás de esta

Satisfacción

Y los ángeles guardaron silencio
Acércate sediento
Cura para la vida común
Gran día cada día

Confianza

El trueno apacible
No se trata de mí
Mi salvador y vecino

¡Los libros de Max Lucado son un gran regalo!

Para adultos:

Ansiosos por nada
Para estos tiempos difíciles
Gracia para todo momento
Esperanza inconmovible
El secreto de la felicidad
Un cafecito con Max

Para adolescentes/Graduados:

Todo lo que Dios tiene para ti

Para niños:

Por si lo querías saber
Tú eres especial

Durante la Navidad:

A causa de Belén
El corderito tullido
La vela de Navidad
Dios se acercó

Lectura recomendada si tienes dificultades con...

MIEDO Y PREOCUPACIÓN

Ansiosos por nada
Antes del amén
Acércate sediento
Sin temor
Para estos tiempos difíciles
Mi Salvador y vecino
Aligere su equipaje

DESALIENTO

Todavía remueve piedras
Mi Salvador y vecino

DOLOR/MUERTE DE UN SER QUERIDO

Mi Salvador y vecino
Aligere su equipaje
Cuando Cristo venga
Cuando Dios susurra tu nombre
Saldrás de esta

CULPA

En manos de la gracia
Como Jesús

SOLEDAD

Dios se acercó

PECADO

Antes del amén
Enfrente a sus gigantes
Él escogió los clavos
Seis horas de un viernes

AGOTAMIENTO

Antes del amén
Cuando Dios susurra tu nombre
Saldrás de esta

Lectura recomendada si quieres saber más sobre...

LA CRUZ

Y los ángeles guardaron silencio
Él escogió los clavos
Con razón lo llaman el Salvador
Seis horas de un viernes

GRACIA

Antes del amén
Gracia
Él escogió los clavos
En manos de la gracia

CIELO

Aplauso del cielo
Cuando Cristo venga

COMPARTIENDO EL EVANGELIO

Dios se acercó
Gracia
Con razón lo llaman el Salvador